GERMANIA
LIECHTENSTEIN
AUSTRIA
Trentino – Alto Adige
Bolzano
Trento
Veneto
Friuli – Venezia – Giulia
Udine
Trieste
Verona
Adige
Padova
Venezia
Po
Emilia – Romagna
Modena
Bologna
Ravenna
Rimini
SAN MARINO
Firenze
Arno
Livorno
Toscana
Siena
Marche
Ancona
Perugia
Umbria
Tevere
Lazio
Roma
Pescara
L'Aquila
Abruzzo
Isole Tremiti
Molise
Campobasso
Campania
Foggia
Napoli
I. d' Ischia
I. di Capri
Puglia
Bari
Brindisi
Taranto
Potenza
Basilicata
Calabria
Cosenza
Catanzaro
Reggio di C.
IUGOSLAVIA
MARE ADRIATICO
ALBANIA
MAR TIRRENO
MAR IONIO
Isole Eolie o Lipari
Isole Ègadi
Palermo
Trapani
Messina
Sicilia
Catania
Agrigento
Siracusa
I. di Pantelleria
0
100
200
300 km

PONS

Italienisch

von
Ferdinand und Tilla Siebert
unter Mitwirkung von
Barbara Huter und Giovanna Mungai

Reisewörterbuch

Ernst Klett Verlag

Begleitend zum
Pons Reisewörterbuch Italienisch
1 Compact-Cassette mit den Redewendungen
Beide Seiten besprochen
Sprechzeit ca. 60 min.
Klettnummer 51873
Lieferung durch jede Buchhandlung oder, wo dies auf Schwierigkeiten stößt, gegen Portokosten per Nachnahme vom Verlag.

Verfasserin der Grammatik:
Barbara Mack, Stuttgart

CIP-Titelaufnahme der Deutschen Bibliothek
Pons-Reisewörterbuch. — Stuttgart : Klett.
Italienisch. [Hauptbd.]. Von Ferdinand u. Tilla Siebert.
Unter Mitw. von Barbara Huter u. Giovanna Mungai.
1. Aufl., Nachdr. — 1989
ISBN 3-12-518630-7
NE: Siebert, Ferdinand [Mitverf.]

1. Auflage 1980 — Nachdruck 1989

Umschlaggestaltung: Erwin Poell, Heidelberg und Christa Janik, Leinfelden.
Illustrationen: Christa Janik, Leinfelden bei Stuttgart.
Druck: Jaeger Druck Speyer.
Printed in Germany.
ISBN 3-12-518630-7

Inhaltsverzeichnis

Abkürzungen im Reisewörterbuch

acc	Akkusativ	accusativo
adj	Adjektiv	aggettivo
adv	Adverb	avverbio
conj	Konjunktion	congiunzione
dat	Dativ	dativo
el	Elektrizität	elettricità
etw	etwas	qualcosa
f	Femininum, weiblich	femminile
jdm	jemandem	a qualcuno
jdn	jemanden	qualcuno
m	Maskulinum, männlich	maschile
pers prn	Personalpronomen	pronome personale
pl	Plural	plurale
poss prn	Possessivpronomen	pronome possessivo
prn	Pronomen	pronome
prp	Präposition	preposizione
qc	etwas	qualcosa
qlc	jemand/en	qualcuno
rel	Religion	religione
tele	Telefon, Telegraf	telefono, telegrafo

Vorwort

Das PONS Reisewörterbuch ist Sprachführer und Wörterbuch zugleich. Es enthält neben den Wörterbuchteilen Deutsch—Italienisch und Italienisch—Deutsch als Kernstück eine reiche Auswahl von Redewendungen und Beispielsätzen, die es dem Reisenden ermöglichen, die wichtigsten Alltagssituationen im fremden Land sprachlich zu meistern.

Die Wörterbuchteile enthalten in beiden Sprachrichtungen zusammen rund 5000 Stichwörter. Besonders berücksichtigt wurden Ausdrücke der modernen gesprochenen Umgangssprache, soweit sie für Situationen typisch sind, die der Tourist häufig antrifft.

Die Redewendungen sind nach 14 Themenbereichen gegliedert: Allgemeine Wendungen; Mit dem Auto unterwegs; Reisen mit Bahn, Flugzeug oder Schiff; An der Grenze—Zoll; Bank/Geldwechsel; Unterkunft; Essen und Trinken; In der Stadt; Auf der Post; Auf der Polizei; Zeitvertreib/Vergnügungen; Einkaufen/Geschäfte; Beim Friseur; Krankheit.

Die aufgeführten Beispielsätze lassen sich leicht vielen weiteren Gesprächssituationen anpassen, da einzelne Wörter oder Satzelemente mit Hilfe der dem Sachbereich zugeordneten Wortlisten und mit Hilfe des Wörterbuchteils ausgetauscht werden können.

Außerdem bietet das PONS Reisewörterbuch eine Kurzgrammatik, die jedem Benutzer willkommen sein wird, der sich über den Aufbau der italienischen Sprache rasch orientieren möchte.

Das PONS Reisewörterbuch ist aufgelockert durch lustige Illustrationen und farbige landeskundliche Fotos. Anhand der zahlreichen authentischen Materialien wie Karten, Schilder und Formulare kann sich der Benutzer auf den Auslandsaufenthalt vorbereiten und einstimmen.

Das PONS Reisewörterbuch ist ein zuverlässiger und praktischer Sprachbegleiter, mit dessen Hilfe der Reisende sowohl das Reiseland als auch seine Bewohner näher kennenlernen kann.

Die blauen Punkte markieren Äußerungen oder Sätze, mit denen er im fremden Land konfrontiert werden könnte und die er verstehen sollte.

Aussprache

Im allgemeinen wird das Italienische so ausgesprochen wie es geschrieben wird. Die Betonung liegt bei den meisten mehrsilbigen Wörter auf der vorletzten Silbe: ristorạnte, venịre, giornạle (aber: pịccolo, giọvane – città, autorità).

Besonderheiten bei der Aussprache

- Doppelkonsonanten sind deutlich wahrnehmbar: bel-lo
- Bei Vokalverbindungen ist jeder einzelne Vokal hörbar: E-uropa

c, cc	[k]	wie deutsches „k" (ohne Hauch): vor Konsonanten und vor den Vokalen „a, o, u"	classe banco casa
	[tʃ]	wie deutsches „tsch": vor den Vokalen „e, i"	accento dieci
ch, cch	[k]	wie deutsches „k" (ohne Hauch)	che, pacchi
ci, cci	[tʃ]	wie deutsches „tsch": vor „a, o, u"	ciao! cioccolata
g, gg	[g]	wie deutsches „g": vor Konsonanten und vor „a, o, u"	grande gondola
	[dʒ]	wie in „*Dsch*ungel" (weicher): vor „e, i"	gente oggi
gh	[g]	wie deutsches „g"	ghiaccio
gi, ggi	[dʒ]	wie in „*Dsch*ungel" (weicher)	mangiare
gl	[ʎ]	ungefähr wie in „Fami*li*e"	figlio
gn	[ɲ]	wie in „Ko*gn*ak"	bagno
h		wird nie ausgesprochen	ho
qu	[ku]	wie in „*Ku*ala Lumpur"	acqua
r	[r]	wird als Zungen-r gesprochen	mare

s	[s]	stimmlos wie in „Haus, Kiste“: am Wortanfang	sole sera
	[z]	stimmhaft wie in „Rose“: zwischen zwei Vokalen	rosa
sc	[sk]	wie in „*Sk*ala“: vor Konsonanten und vor „a, o, u“	scrivere scusi
	[ʃ]	wie deutsches „sch“: vor „e, i“	pesce, uscita
sch	[sk]	wie in „Skala“	Ischia
sci	[ʃ]	wie deutsches „sch“: vor „a, o, u“	lasciare sciopero
sp	[sp]	wie in „Wespe“	sport
st	[st]	wie in „Kiste“	stato
v	[v]	wie deutsches „w“	vespa

Substantive mit der Endung **o** sind männlich; Substantive mit der Endung **a** sind weiblich. Nur bei Abweichungen von dieser Regel (**mano** *f* Hand) und bei anderen Endungen (**canzone** *f* Lied) wird das Geschlecht der Substantive angegeben.

Das italienische Alphabet

A	a	[a]	J	j	[i l'luŋgo]	S	s	['ɛsse]
B	b	[bi]	K	k	['kappa]	T	t	[ti]
C	c	[tʃi]	L	l	['ɛlle]	U	u	[u]
D	d	[di]	M	m	['ɛmme]	V	v	[vu]
E	e	[e]	N	n	['ɛnne]	W	w	[vu d'doppi̯o]
F	f	['ɛffe]	O	o	[ɔ]	X	x	[iks]
G	g	[dʒi]	P	p	[pi]	Y	y	['ipsilon]
H	h	['akka]	Q	q	[ku]	Z	z	['dzɛ:ta]
I	i	[i]	R	r	['ɛrre]			

Wörterbuch Deutsch-Italienisch

A

abbestellen *(Zimmer, Fahr-, Flugkarten)* disdire

Abend sera

Abendessen cena

aber ma

abfahren (von) partire (da)

Abfahrt partenza; *(Ski)* discesa

Abfall spazzatura

abholen andare a prẹndere; ~ **lassen** mandare a prendere

Abkürzung l'abbreviazione *f*; ~ *(Weg)* scorciatọia

abladen scaricare

ablehnen rifiutare

abnehmen diminuire; *(dünner werden)* dimagrire

Abreise partenza

abreisen (nach) partire (per)

Abschied nehmen prẹndere congedo

abschleppen rimorchiare, trainare

abschließen chiụdere (a chiave)

Abschnitt tagliando

Absicht l'intenzione *f*

absichtlich apposta

Abstand distanza

abwärts in giù

abwesend assente

achtgeben (auf) fare attenzione (a)

Achtung! attenzione!

Adresse indirizzo

adressieren indirizzare

Adria Adriạtico

Agentur agenzịa

ähnlich sịmile

Ahnung idẹa; **keine ~!** non ne ho idẹa!

alle tutti, tutte; ~ **Tage** tutti i giorni; ~ **zwei Stunden** ogni due ore; **auf ~ Fälle** in ogni caso

allein solo

alles tutto

allgemein generale; **im ~en** in generale

als *(zeitlich)* quando; *(bei Vergleich)* di, che; **besser ~** mẹglio di, mẹglio che; ~ **ob** come se; **nichts ~** nịent'ạltro che

also dunque, allora

alt vẹcchio; *(aus früheren Zeiten)* antico

Alter età

Amt *(Dienststelle)* uffịcio

amtlich ufficiale

amüsieren s. ~ divertirsi

an a, vicino a; **am Tiber** sul Tẹvere

anbieten offrire

Andenken ricordo

andere, der ~ l'altro; **ein ~r** un altro; **ein andermal** un'altra volta

ändern cambiare, modificare

anders *(adj)* diverso; *(adv)* diversamente

anderswo altrove

anderthalb uno e mezzo

Anfang inịzio

anfangen cominciare, iniziare

Angabe l'indicazione *f*; **~n machen** dare delle indicazioni; **nähere ~n** descrizione dettagliata

Angebot offerta

Angelegenheit faccenda, la questione; **eine ~ erledigen** sbrigare un affare

angenehm piacẹvole

Angestellte der, die l'impiegato, l'impiegata

Angst paụra

anhalten fermare, fermarsi

ankommen arrivare

Ankunft arrivo

Anlage impianto; *(Brief)* allegato

Anlaß *(Grund)* motivo; *(Gelegenheit)* l'occasione *f*

anmachen *(Licht)* accẹndere

anmelden annunciare; **s. ~** iscrịversi

Annahme l'accettazione *f*; *(Vermutung)* la supposizione

annehmen accettare; *(vermuten)* supporre

Anruf chiamata, telefonata
anrufen telefonare
anschauen guardare
anscheinend apparentemente
Anschluß *(Zug)* coincidenza
Anschrift indirizzo
ansehen guardare
Ansicht vista; *(Meinung)* l'opinione *f*
Ansichtskarte cartolina illustrata
anstatt invece di
anstrengend faticoso
Anstrengung sforzo
antik antico
Antiquitäten le antichità
Antwort risposta
antworten rispọndere
Anwalt avvocato
anwenden usare; *(Gesetz)* applicare
anwesend presente
Anzahl nụmero
Anzeige *(Inserat)* annụncio; *(bei der Polizei)* denụncia
anziehen mẹttersi; **s. ~** vestirsi
Anzug vestito, ạbito
anzünden accẹndere
Apfel mela
Apparat apparẹcchio; *(Radio)* apparẹcchio radio; *(Foto)* mạcchina fotogrạfica
Arbeit lavoro; *(Anstellung)* impiẹgo
arbeiten lavorare
ärgern s. ~ (über) arrabbiarsi (per)
Arm brạccio
arm pọvero
Armband il bracciale; **~uhr** orolọgio da polso
Art modo, maniẹra
Artikel artịcolo
Arznei medicina
auch anche; *(nachgestellt)* pure; **~ nicht** neppure
auf su, sopra; *(offen)* aperto; **~ der Straße** per strada, sulla strada; **~ italienisch** in italiano; **~ der Reise** in viạggio; **~ die/der Post** alla posta; **~ einmal** d'improvviso
aufbewahren custodire, conservare
Aufenthalt soggiorno; *(Zug)* fermata
auffordern invitare
Aufführung la rappresentazione
aufgeben *(Gepäck)* consegnare; *(Post)* imbucare
aufhalten s. ~ trattenersi
aufhängen appẹndere
aufhören smẹttere
aufladen caricare
aufmachen aprire
aufmerksam attento
Aufnahme *(Empfang)* accoglienza; *(Foto)* fotografịa
aufnehmen *(Foto)* fotografare
aufpassen (auf) stare attento (a)
aufpumpen gonfiare
aufschieben rimandare
Aufschub la dilazione
Aufseher *(Wächter)* guardiano
aufstehen alzarsi
aufwachen svegliarsi
aufwecken svegliare
Aufzeichnung nota
Aufzug l'ascensore *m*
Auge l'ọcchio
Augenblick l'istante *m*
aus *(Herkunft)* da, di; **er ist ~ Rom** è di Roma; **ein Brief ~ Rom** una lettera da Roma; *(Material)* di; **ein Kleid ~ Seide** un vestito di seta; *(Grund)* a causa di; **~ diesem Grund** per questo motivo
Ausdruck l'espressione *f*
ausdrücklich espressamente
Ausflug gita, l'escursione *f*
Ausfuhr l'esportazione *f*
ausführen *(Arbeit)* eseguịre
ausfüllen, ein Formular ~ riempire un mọdulo
Ausgaben le spese
Ausgang uscita
ausgeben spẹndere
ausgehen uscire
ausgeschlossen escluso
ausgezeichnet eccellente
Auskunft l'informazione; *f* **~ einholen** chiẹdere un'informazione; **~sstelle** uffịcio informazioni
Ausland l'ẹstero; **im/ins ~** all'ẹstero
Ausländer straniẹro
ausländisch ẹstero, straniẹro
auslöschen spẹgnere
Ausnahme l'eccezione *f*
auspacken disfare (la valịgia)
Ausreise partenza per l'ẹstero
ausruhen, s. ~ riposarsi
aussehen avere l'aspetto

außen fuọri; **von ~** dal di fuọri
außer eccetto, tranne; **~dem** inoltre
außergewöhnlich straordinạrio
äußerlich esterno, esteriore
Aussicht vista
Aussprache pronụncia
aussprechen pronunciare
aussteigen scẹndere
Ausstellung l'esposizione *f*
aussuchen scẹgliere
Austausch scạmbio
austauschen scambiare
ausüben *(Beruf)* esercitare
Ausverkauf svẹndita
ausverkauft esaurito
Auswahl scelta
Ausweis *(Personal~)* tẹssera, carta d'identità
ausziehen tọgliersi *(un abito);* **s. ~** svestirsi, spogliarsi
Auto l'ạuto *f*, mạcchina; **~ fahren** guidare
Automat *(Waren)* il distributore automạtico
automatisch automạtico

B

Bad bagno; **~eanstalt** stabilimento balneare
baden fare il bagno
bald presto; **so ~ wie möglich** al più presto possịbile
Ball palla, il pallone; *(Fest)* il ballo
Band, das ~ nastro; **der ~** il volume, libro
Bank banca; *(Sitz~)* panchina
bar zahlen pagare in contanti
Bargeld denaro contante
Batterie batteria; *(für Taschenlampe)* pila
bauen costruire
Bauer contadino
Bauernhof fattorịa
Baum ạlbero
Baumwolle il cotone
beabsichtigen avere l'intenzione
beachten osservare
Beamte der l'impiegato statale; funzionario
beantworten rispọndere
Bedauern il dispiacere
bedauern dispiacere
bedecken coprire
bedeckt *(Wetter)* coperto
bedeuten significare
bedeutend importante
Bedeutung *(Sinn)* significato; *(Wichtigkeit)* importanza
bedienen servire
Bedienung servịzio
Bedingung la condizione
Bedürfnis bisogno
beeilen, s. ~ affrettarsi
beenden finire
befinden, s. ~ trovarsi
befördern trasportare; *(im Rang)* promuọvere
befreundet sein ẹssere in amicịzia
befriedigt soddisfatto
befürchten temere
begegnen incontrare
begeistert (von) entusiasta (di)
Beginn inịzio
beginnen iniziare
begleiten accompagnare
begrüßen salutare
behalten tenere
Behälter il recipiente
behandeln trattare, curare
Behandlung trattamento, cura
behaupten affermare
behilflich, jdm ~ sein essere d'aiụto a qlc
Behörde l'autorità pụbblica
bei *(nahe)* vicino a; **~ Tag/Nacht** di giorno/notte; **~ Tisch** a tạvola; **~m Essen** mangiando; **~ diesem Wetter** con questo tempo
beide tutti e due
Beifall applauso
Beileid le condoglianze
beinahe quasi
beisammen insiẹme
beiseite da parte

Beispiel esẹmpio; **zum ~** per esẹmpio
bekannt noto; **~ sein** ẹssere noto; **~ machen** presentare
Bekannte, der, die il conoscente, la conoscente
beklagen, s. ~ (über) lamentarsi (di)
bekommen ricẹvere
belästigen infastidire
belegen, einen Platz ~ occupare un posto
beleidigen offẹndere
Beleidigung offesa
beleuchtet illuminato
Belgien il Bẹlgio
Belgier/in il /la belga
Belieben, nach ~ a piacere
belohnen ricompensare
Belohnung ricompensa
bemerken notare, accorgersi (di); *(sagen)* rilevare, osservare
bemühen, s. ~ sforzarsi
benachrichtigen avvertire
Benehmen comportamento
benötigen aver bisogno di
benutzen usare; *(Verkehrsmittel)* prendere
Benzin benzina
beobachten osservare
bequem cọmodo
Bequemlichkeit comodità
berechnen calcolare
berechtigt autorizzato
bereit pronto
Berg il monte; **~ab** in discesa; **~auf** in salita
Bericht rapporto
Beruf la professione
beruhigen s. ~ tranquillizzarsi
berühmt famoso
berühren toccare
Berührung contatto
beschädigen danneggiare
Beschädigung danno
beschaffen procurare
beschäftigt occupato
bescheinigen certificare
Bescheinigung certificato
beschleunigen accelerare
beschließen decịdere
beschreiben descrịvere
beschützen protẹggere
Beschwerde reclamo
beschweren, s. ~ (über) reclamare (per)
besetzt *(Platz)* occupato; *(voll)* tutto pieno
Besitz possesso; *(Eigentum)* proprietà
besitzen possedere
Besitzer proprietạrio
besonder/s particolare/particolarmente
besorgen procurare, provvedere
besorgt preoccupato
Besorgung la commissione
bestätigen confermare
bestehen auf insistere su; **~ aus** essere costituito da
bestellen ordinare; *(Hotel, Platz)* prenotare; *(kommen lassen)* far venire
Bestellung l'ordinazione *f*
bestimmt *(adj)* certo; *(adv)* certamente
Besuch vịsita
besuchen, jdn ~ far vịsita a qlc
beten pregare
betrachten guardare; *(ansehen als)* considerare
beträchtlich considerẹvole
Betrag importo, somma
betreffend concernente
betreten entrare (in)
betrinken, s. ~ ubriacarsi
Betrug *(Gaunerei)* inganno; *(Handel)* la frode
betrügen ingannare
betrunken ubrịaco; *(leicht)* un po' allegro
Bett letto; **zu ~ gehen** andare a letto
beunruhigen, s. ~ inquietarsi
beurteilen giudicare
Beutel borsa
bevor prima di
bewegen muọvere
bewegt *(Gefühl)* commosso; *(Meer)* agitato, mosso
Bewegung movimento
Beweis prova
beweisen provare
Bewohner l'abitante *m/f*
bewölkt nuvoloso
bewundern ammirare
bewußt cosciẹnte
bezahlen pagare
bezaubernd incantẹvole
beziehen, s. ~ auf riferirsi a
biegen piegare, voltare
Bier birra

Bild *(Foto)* la foto; *(Abbildung)* illustrazione *f*; *(Gemälde)* quadro
bilden formare
billig non caro
binden legare
Bindfaden spago
Birne *(el)* lampadina; *(Frucht)* pera
bis fino a; ~ **jetzt** finora
bißchen, ein ~ un po'
Bitte domanda
bitte prego; per favore; **wie** ~? come scusi?
bitten, jdn um etw ~ chiẹdere qc a qlc
bitter amaro
Blatt *(Papier)* fọglio; *(Laub)* fọglia
blau azzurro; **hell/dunkel** ~ celeste/blu
bleiben rimanere
bleich pạllido
Bleistift matita
Blick sguardo; *(Ausblick)* vista, il panorama
blind ciẹco
Blitz il fụlmine; *(Foto)* il flash
blöd(e) scemo
blond biọndo
blühen fiorire
Blume il fiore
Boden suolo; *(Fuß~)* pavimento
Boot barca
Bord, an ~ **gehen** andare a bordó
böse cattivo; *(verärgert)* arrabbiato
Botschaft *(dipl. Vertretung)* ambasciạta
Brand incẹndio
Braten arrosto
braten arrostire; *(in der Pfanne)* frịggere
brauchen aver bisogno di; *(Zeit)* impiegare
braun marrone; *(gebräunt)* abbronzato
brechen rọmpere
breit largo
brennen bruciare
Brief lẹttera
Briefkasten cassetta postale
Briefmarke francobollo
Briefpapier carta da lẹttere
Brieftasche portafọglio
Briefträger postino
Briefumschlag busta
Briefwechsel corrispondenza
Brille gli occhiạli
bringen *(her~)* portare; *(weg~)* portar via
Brot il pane
Brötchen panino; **belegtes** ~ panino imbottito
Brücke il ponte
Bruder fratello
Brunnen fontana; *(Quelle)* la fonte
Buch libro
buchen *(Platz)* prenotare
Büchse barạttolo, scạtola; *(Konserve)* scạtola di conserva; ~**nöffner** l'apriscạtole *m*
buchstabieren sillabare
Bucht golfo
Bügeleisen ferro da stiro
bügeln stirare
bunt a colori, multicolore; *(abwechslungsreich)* vạrio
Burg castello
Büro uffịcio
Bürste spạzzola
bürsten spazzolare
Bus il bus; ~**haltestelle** fermata del bus
Butter burro

C

Café il caffè
Camping il camping, campeggio
Chauffeur l'autista
Chef il capo
Couch divano
Cousin/e il cugino/la cugina

D

da *(dort)* là; *(Grund)* perché; *(Zeit)* allora
Dach tetto
dafür, ~ sein essere favorẹvole
dagegen, ~ sein essere contrạrio
daheim a casa
daher *(Grund)* perciò
damals allora
Dame signora
Dämmerung *(Morgen~)* alba; *(Abend~)* crepụscolo
Dampfer pirọscafo
danach poi, dopo
dankbar grato
danken ringraziare
dann poi
dasein *(anwesend)* essere presente
daß che
dasselbe lo stesso
Datum data
Dauer durata
dauern durare
Deck coperta
Decke *(Bett~)* coperta; *(Zimmer-~)* soffitto
Defekt difetto
dein (il) tuo
demnächst tra breve
denken an pensare a
Denkmal monumento
denn poiché
derselbe lo stesso
deshalb perciò
deutlich chiạro
deutsch tedesco
Deutsche, der, die il tedesco, la tedesca
Deutschland la Germạnia
Devisen valuta
dich ti, te
dicht *(Nebel)* fitto; **~ dabei** vicino vicino
dick grosso, spesso; *(Person)* grasso; *(geschwollen)* gọnfio
Dieb ladro; **~stahl** furto
dienen servire
Dienst servịzio; *(Gefälligkeit)* piacere
dieser, diese, dieses questo, questa
Ding cosa
dir ti, a te
direkt *(adj)* diretto; *(adv)* direttamente; *(sofort)* immediatamente
Direktion la direzione
Direktor il direttore
doch certo, sì
Doktor il dottore
Dokument documento
Dolmetscher l'intẹrprete *m/f*
Dom duọmo
doppelt *(adj)* dọppio; *(adv)* doppiamente
Dorf villạggio
dort là, lì; **~ oben/unten** lassù, laggiù; **~hin** là, lì
Dose scạtola; **~nöffner** l'apriscạtole *m*
Draht filo
draußen fuori
drehen girare
drin, drinnen dentro
dringend urgente
dritte, der, die, das il terzo, la terza
Drittel, ein ~ un terzo
drüben dall'altra parte
drücken *(stoßen)* spịngere; *(Knopf)* prẹmere
du tu
dumm stụpido, scemo
dunkel scuro
dünn sottile; *(schlank)* snello
durch *(quer)* attraverso; *(Mittel)* per, con; *(Passiv)* da
Durchfahrt passạggio
Durchgang trạnsito, passạggio
Durchreise, auf der ~ di passạggio; **~visum** permesso di trạnsito
durchschnittlich *(adj)* mẹdio; *(adv)* in mẹdia
dürfen potere, avere il permesso di
Durst la sete
Dusche dọccia

E

Ebbe riflusso, bassa marẹa
eben *(flach)* piano; *(zeitlich)* prọprio ora
Ebene pianura
echt vero, autẹntico
Ecke ạngolo
Ehe matrimọnio; ~**frau** la mọglie; ~**mann** marito; ~**paar** i cọniugi
eher *(lieber)* piuttosto
Ehering la fede
Ehre l'onore *m*
Ei uọvo
eigen proprio; *(eigenartig)* speciale; *(seltsam)* strano
Eigenschaft qualità
Eigentümer proprietạrio
Eile fretta
eilig frettoloso; **es ~ haben** avẹr fretta
einander l'un l'altro
einbehalten trattenere
einbiegen svoltare; ~ **nach rechts/links** svoltare a destra/sinistra
Eindruck l'impressione *f*
einfach sẹmplice
Einfahrt entrata
Einfuhr l'importazione *f*
Eingang ingresso
einig sein ẹssere d'accordo
einige alcuni, alcune
einkaufen fare la spesa
einladen invitare
Einladung invito
einmal una volta
einmünden *(Straße)* sboccare
Einreise entrata
eins uno
einschiffen, s. ~ imbarcarsi
einschlafen addormentarsi
einschließen inclụdere
einsteigen salire
eintreffen arrivare
eintreten entrare
Eintritt entrata, ingresso; ~ **verboten!** vietato l'ingresso! ~**skarte** biglietto d'ingresso
einverstanden! d'accordo!
Einverständnis accordo
einwerfen *(Briefe)* imbucare
einwickeln involtare
einwilligen acconsentire
Einwohner l'abitante *m/f*
Einzelheit dettaglio, il particolare
einzig ụnico
Eis ghiaccio; (Speise ~) gelato
Eisen ferro
Eltern i genitori
Empfang ricevimento; ~**sbestätigung** ricevuta
empfangen ricẹvere
Empfänger *(Post)* destinatạrio
empfehlen raccomandare
Empfehlung la raccomandazione
empfindlich sensịbile
Ende la fine; **am ~** alla fine
enden finire
endgültig *(adj)* definitivo; *(adv)* definitivamente
endlich finalmente
Endstation il capolịnea
eng stretto
England Inghilterra
Engländer/in l'inglese *m/f*
englisch inglese
Enkel/in il /la nipote
entdecken scoprire
entfernt lontano
Entfernung lontananza
entgegengesetzt opposto
enthalten contenere
entscheiden decịdere
entschließen, s. ~ decịdersi
entschlossen sein ẹssere deciso
Entschluß la risoluzione, la decisione
entschuldigen scusare; ~ **Sie bitte!** scusi tanto!; **s.** ~ scusarsi
Entschuldigung scusa; **Ich bitte um ~!** chiedo scusa!
enttäuscht deluso
entweder . . . oder o . . . o. . .
entwickeln sviluppare
Entwicklung sviluppo

entzückend incantẹvole
entzückt incantato
er lui
Erde terra
Erdgeschoß pianoterra, pianterreno
ereignen, s. ~ accadere
Ereignis avvenimento
erfahren venire a sapere; *(adj)* esperto
Erfahrung esperienza
erfinden inventare
Erfolg successo
erfreut (über) lieto (di)
Erfrischung rinfresco
Ergebnis risultato
ergreifen afferrare
erhalten ricẹvere; *(durch Bemühung)* ottenere
erhältlich in vẹndita
erhöhen *(Preise)* aumentare
erholen, s. ~ rimẹttersi, riposarsi
erinnern, jdn an etw ~ ricordare a qlc qc; **s.** ~ ricordarsi
Erkältung il raffreddore
erkennen riconọscere
erklären dichiarare; *(deutlich machen)* spiegare
erkundigen, s. ~ informarsi
Erkundigung l'informazione *f*
erlangen ottenere
erlauben permẹttere
Erlaubnis permesso
erledigen sbrigare
Ermäßigung la riduzione
ermöglichen rẹnder possịbile
ermüden stancare
erneuern rinnovare
ernst sẹrio
erreichen raggiụngere
Ersatz *(Schaden~)* indennizzo, risarcimento
erscheinen apparire; *(Buch)* ẹssere pubblicato, uscire
erschöpft esaurito
erschrecken spaventare; *(erschrocken sein)* spaventarsi
ersetzen sostituịre; *(Schaden)* risarcire
erst *(zuerst)* prima; *(nicht früher als)* solo, soltanto
erste, der, die, das il primo, la prima
erstklassig di prima qualità
ertragen sopportare
erwarten aspettare
erwidern replicare
erzählen raccontare
erzeugen produrre
Erzeugnis prodotto
Erziehung l'educazione *f*
es gibt c'è, ci sono
eßbar commestịbile
essen mangiare
etwa circa
etwas qualcosa; *(ein wenig)* un po'
euch vi, *(betont acc)* voi, *(dat)* a voi
euer (il) vostro
Europa Europa
Europäer/in l'europẹo/l'europẹa,
europäisch europẹo
eventuell *(adv)* eventualmente
extra speciale, a parte, apposta

F

Fabrik fạbbrica
Faden filo
fähig capace
Fähre traghetto
fahren andare; *(lenken)* guidare
Fahrer il conducente
Fahrgast passeggero
Fahrkarte biglietto
Fahrrad bicicletta
Fahrstuhl l'ascensore *m*
Fahrt viạggio
Fall *(Vorfall)* caso
fallen cadere
falls casomai
falsch sbagliato; *(betrügerisch)* falso
Familie famịglia; ~**nname** il cognome

fangen prendere
Farbe il colore
farbig colorato
fast quasi
faul pigro; *(Obst)* marcio
Feder penna; *(elastisch)* molla
fehlen mancare
Fehler *(den man macht)* sbaglio; *(den man hat)* difetto
feierlich solenne
Feiertag giorno festivo
feilschen contrattare
fein *(dünn)* sottile, fine ; *(vornehm)* fine; *(zart)* delicato, fine
Feld campo
Fenster finestra
Ferien le ferie; **in ~** in ferie
Fernsehen la televisione
fertig *(bereit)* pronto; *(vollendet)* finito
fest fermo, saldo; *(~ stehend)* fisso; *(hart)* duro
festsetzen stabilire
fett grasso
feucht umido
Feuer fuoco
feuergefährlich infiammabile
Feuerlöscher l'estintore *m*
Feuermelder il segnalatore d'incendio
Feuerzeug accendino
Fieber la febbre
Filiale la filiale
Film la pellicola; *(Kino)* il film
finden trovare
Finger dito
finster oscuro
Firma ditta
Fisch il pesce; **~händler** pescivendolo
fischen pescare
Fischer il pescatore
flach piatto
Flamme fiamma
Flasche bottiglia
Fleck(en) macchia; **~mittel** lo smacchiatore
Fleisch la carne
fleißig diligente
flicken rammendare
Fliege mosca
fliegen volare
fließen scorrere
Fluß il fiume
flüssig liquido
Flut flusso, alta marea
folgen seguire; *(gehorchen)* ubbidire
fordern chiedere
Forderung richiesta, pretesa
Form forma
Formular formulario, modulo
fort via
Fortschritt progresso
fortsetzen continuare
forttragen portar via
Foto la foto, fotografia
Fotoapparat macchina fotografica
fotografieren fotografare
Fracht nolo
Frage domanda; *(Problem)* la questione, il problema
fragen domandare
frankieren affrancare
Frankreich la Francia
Franzose il francese
Französin la francese
französisch francese
Frau donna; *(Anrede vor Namen)* signora; *(Ehe~)* la moglie
Fräulein signorina
frei libero; *(gratis)* gratuito; *(von Abgaben)* esente da dazio; **im Freien** all'aperto
fremd ; *(ausländisch)* straniero; *(unbekannt)* sconosciuto
Fremde, der, die il forestiero, la forestiera; *(Ausländer)* straniero; **~nführer** la guida
Freude gioia
freuen, s. ~ über rallegrarsi di; **s. ~ auf** rallegrarsi di
Freund/in amico/amica
freundlich amichevole
Freundlichkeit gentilezza, cortesia
Freundschaft amicizia
Friede la pace
Friedhof cimitero
frieren aver freddo
frisch fresco; *(Wäsche)* pulito
froh *(zufrieden)* contento; *(glücklich)* felice; *(lustig)* allegro
früh presto
früher *(eher)* prima
Frühling primavera
Frühstück la colazione
fühlen sentire
führen condurre, guidare
Führer *(für Fremde)* la guida
füllen riempire

Fundbüro ufficio oggetti smarriti
Funke scintilla
funktionieren funzionare
für per
Furcht paura
fürchten temere; **s. ~ vor** aver paura di
fürchterlich spaventoso
Fuß il piede; **zu ~** a piedi
Fußball calcio; **~mannschaft** squadra di calcio; **~spiel** partita di calcio
Fußgänger il pedone
Fußpfleger il/la pedicure

G

Gabel forchetta
Galerie galleria
Gang *(Auto)* marcia; *(Durchgang)* passaggio; *(Essen)* portata, piatto; *(Flur)* corridoio
ganz *(adj)* tutto; *(adv)* interamente, completamente
Ganze, das ~ il tutto
gar *(gekocht)* cotto; **~ nicht** per niente
Garage il garage
Garantie garanzia
Garten giardino
Gasse vicolo
Gast l'ospite *m/f*
Gastfreundschaft ospitalità
Gasthaus/Gasthof trattoria
Gastwirt l'oste *m*
Gebäude edificio
geben dare
Gebet preghiera
Gebirge montagna
geboren nato
Gebrauch uso
gebrauchen usare
gebräuchlich in uso, usato; *(Ausdruck)* corrente
Gebühren tasse
Geburt nascita; **~sort** luogo di nascita; **~stag** compleanno
gebürtig aus nativo di
Gedanke pensiero
Geduld pazienza
geduldig paziente
geeignet zu adatto a
Gefahr pericolo
gefährlich pericoloso
Gefallen il favore
gefallen piacere
Gefälligkeit cortesia, il favore
Gefäß vaso
Gefühl sentimento
gegen contro; *(in Richtung auf, zeitlich)* verso
Gegend la regione, luogo
Gegenstand oggetto; *(Gesprächs~)* argomento
Gegenteil contrario; **im ~** al contrario
gegenüber di fronte
Gegenwert l'equivalente *m*
geheim segreto
gehen andare; *(zu Fuß)* camminare; **geradeaus ~** andare diritto; **vorwärts ~** andare avanti; **zurück ~** tornare indietro
gehören appartenere
Geistlicher il sacerdote
geistreich spiritoso, intelligente
Gelände terreno
gelb giallo
Geld denaro; **~beutel** il portamonete; **~strafe** multa; **~stück** moneta; **~wechsel** cambio
Gelegenheit l'occasione *f*
gelegentlich *(adv)* occasionalmente
gelten essere valido
gemein villano, cattivo; *(ordinär)* volgare
gemeinsam *(adj)* comune; *(adv)* insieme
Gemüse verdura
genau preciso; **~ so ... wie** tanto ... quanto
Genauigkeit la precisione
genehmigen permettere; *(Gesuch)* accogliere
genießen godere
genug sufficiente

Genuß godimento
geöffnet aperto
Gepäck bagaglio; **~aufbewahrung** deposito bagagli; **~schein** scontrino; **~träger** facchino
gerade diritto; *(zeitlich)* proprio in questo minuto
Geräusch il rumore
gerecht giusto
Gericht *(Essen)* piatto, portata; *(Justiz)* il tribunale
gering scarso; **~er** inferiore; **das ~ste** il minimo
gern volentieri; **nicht ~** di mala voglia
Geruch l'odore *m*
Gesang canto
Geschäft *(Laden)* negozio; *(Handel)* l'affare *m*
Geschäftsführer il gerente
geschehen succedere; **was ist ~?** cosa è successo?
Geschenk regalo
Geschichte storia
geschickt abile
geschlossen chiuso
Geschmack gusto, il sapore
Geschwindigkeit velocità
geschwollen gonfio
Gesicht viso
Gespräch la conversazione
gestern ieri; **vor~** l'altroieri
gesund sano
Gesundheit la salute
Getränk bevanda
gewähren concedere
gewaltig potente, violento
Gewebe tessuto
Gewicht peso
Gewinn vincita, guadagno
gewinnen vincere, guadagnare
gewiß *(adj)* certo; *(adv)* certamente
gewissenhaft coscienzioso
Gewitter il temporale
gewöhnen, s. ~ an abituarsi a
Gewohnheit l'abitudine *f*
gewöhnlich comune; *(ordinär)* ordinario, grossolano; **wie ~** come d'abitudine
gewöhnt sein essere abituato
gibt, es gibt c'è, ci sono
Gift veleno
giftig velenoso
Gipfel cima, punta
Gitter cancello
glänzen brillare
glänzend brillante
Glas *(Scheibe)* vetro; *(Trink~)* il bicchiere
Glaube la fede
glauben credere
gleich uguale; *(sofort)* subito
gleichen assomigliare
gleichwertig equivalente
gleichzeitig contemporaneo
Gleis binario
Glocke campana
Glück felicità; *(Erfolg)* fortuna; **viel ~!** buona fortuna!
glücklich felice, fortunato
Glückwünsche gli auguri
Glühbirne lampadina
Gold oro
Golfplatz campo da golf
Gott Dio; **~ sei Dank!** grazie a Dio!
gratis gratis
gratulieren congratularsi, fare gli auguri
grau grigio
Grenze frontiera, il confine
Griff *(Hand~)* impugnatura
groß grande; *(bedeutend)* importante; *(Statur)* alto
großartig grandioso
Größe *(Ausdehnung, geistige)* grandezza; *(Kleidung, Schuhe)* misura; *(Körper~)* statura
Großmutter nonna
Großvater nonno
grün verde
Grund causa; *(Beweg~)* motivo
Gruppe gruppo
grüßen salutare
gucken guardare
gültig valido
Gültigkeit validità
günstig favorevole
gut *(adj)* buono; *(adv)* bene
Gutschein il buono

H

Haar(e) i capelli
haben avere
Hafen porto
Hahn gallo; *(Wasser~)* rubinetto
Haken uncino, gancio; *(Kleider~)* gancio (dell'attaccapanni)
halb mezzo
Hälfte metà
Hals collo; *(Kehle)* gola
halt! alt!
halten tenere; *(stehenbleiben)* fermarsi; *(dauern)* durare
Haltestelle fermata
Hammer martello
Hand la mano
handeln agire; *(feilschen)* contrattare
Handgepäck bagaglio a mano
Handschuh guanto; **ein Paar ~e** un paio di guanti
Handtasche borsa
Handtuch asciugamano
Hang *(Ab~)* pendio
hart duro
häßlich brutto
häufig *(adv)* spesso
Hauptbahnhof stazione centrale
hauptsächlich *(adj)* principale; *(adv)* principalmente
Hauptstadt la capitale
Hauptstraße corso
Haus casa
Haut la pelle
heben alzare
Heft quaderno
Heimat patria
Heimreise ritorno in patria, rientro
Heirat il matrimonio
heiraten sposare
heiß caldo
heizen riscaldare
Heizung riscaldamento
helfen, jdm ~ aiutare qlc
hell chiaro
Hemd camicia
herabsetzen *(Preise)* abbassare
heraufsetzen *(Preise)* alzare
herausgeben *(Geld)* rendere
Herbst autunno
herein! avanti!
Herr signore; *(vor Namen)* signor
herrlich magnifico, splendido
Herz il cuore
herzlich cordialmente
Herzlichkeit cordialità
heute oggi; **~ abend** stasera; **~ nacht** stanotte
hier qui; **~her** qui
Hilfe aiuto; **erste ~** pronto soccorso
Himmel cielo
hinaufsteigen salire
hinausgehen uscire
hindern impedire
hineingehen entrare
hinlegen mettere; **s. ~** sdraiarsi
hinsetzen, s. ~ sedersi
hinten dietro
hinterlegen depositare
hinuntergehen scendere
hinzufügen aggiungere
Hitze caldo
hoch alto
höchstens al massimo
Hochzeit *(Feier)* le nozze
Hof il cortile
hoffen sperare
höflich cortese
Höflichkeit cortesia
Höhe altezza; **~punkt** punto culminante
Holz legno; *(Brenn~)* legna
hören udire, sentire; **zu~** ascoltare
Hörer *(tele)* il ricevitore
Hose i calzoni
Hotel l'hotel *m*
hübsch grazioso, bellino
Hügel collina
Hund il cane
hundert cento; **~mal** cento volte
Hunger la fame
Hut cappello
Hütte capanna; *(Alpenhütte)* baita

?

I

ich io
Idee idea
ihr *(pers prn)* voi; *(poss prn, f)* (il) suo
Imbiß spuntino
immer sempre
imstande sein essere capace di
in in
inbegriffen compreso
Inhalt contenuto
innen dentro
Innere, das ~ l'interno
innerhalb *(zeitlich)* entro
Insel isola
Inserat annuncio
insgesamt complessivamente
Institut istituto
interessant interessante
Interesse l'interesse *m*
interessieren, s. ~ (für) interessarsi (di)
inzwischen frattanto
irgend etwas qualche cosa
irgendwie in qualche modo
irgendwo, ~hin da qualche parte
irren, s. ~ sbagliarsi
Irrtum l'errore *m*
Italien Italia
Italiener/in l'italiano/l'italiana
italienisch italiano

J

ja sì
Jahr anno
Jahreszeit la stagione
Jahrhundert secolo
jährlich annuale
jeder *(adj)* ogni; *(prn)* ognuno, ciascuno; **~ beliebige** *(adj)* qualsiasi; *(prn)* chiunque
jedesmal ogni volta
jedoch ma, però
jemals mai
jemand qualcuno
jener, jene, jenes quello, quella
jenseits al di là
jetzt ora
Journalist il giornalista
Jugend la gioventù, i giovani; **~herberge** ostello per la gioventù
jung giovane
Junge ragazzo
Junggeselle scapolo
Juwelier il gioielliere

K

Kabine cabina
Kaffee il caffè
Kahn barca
kalt freddo
Kapelle *(Gebäude)* cappella; *(Musik~)* banda (musicale)
Kapitän capitano
kaputt rotto
Karte cartolina; **Eintritts~** biglietto; **Land~** carta geografica; **Post~** cartolina postale; **Speise~** lista, il menù
Käse formaggio
Kasse cassa
Kauf compera
kaufen comprare

Käufer il compratore; *(Kunde)* il cliente
Kaufhaus supermercato, i grandi magazzini
kaum appena
Kaution la cauzione
kein nessuno; ~**er** nessuno; ~**esfalls** in nessun caso
Kellner/in il cameriere, la cameriera
kennen conoscere; ~**lernen** fare la conoscenza
Kenntnis la conoscenza, la nozione
Keramik ceramica
Kerze candela
Kette catena; *(Hals~)* collana
Kilogramm chilogrammo
Kilometer chilometro
Kind bambino
Kino il cinema
Kirche chiesa
Kirchturm il campanile
Kissen cuscino
Kiste cassa
Klage lamento
Klang suono
klar chiaro
Klasse la classe
Kleid abito
Kleiderbügel gruccia
Kleiderbürste spazzola
Kleidung abbigliamento
klein piccolo; *(Statur)* basso
kleiner *(jünger)* minore
Kleingeld gli spiccioli
Klingel campanello
klingeln suonare
klopfen *(an die Tür)* bussare
Kloster monastero, convento
klug intelligente
Kneipe osteria, taverna
knipsen fotografare
Knopf il bottone
Knoten nodo
Koch cuoco
kochen cucinare; *(Kaffee, Tee)* fare; *(Wasser)* bollire
Kocher fornello
Koffer valigia
Kohle il carbone
kommen venire
Kompaß bussola
König/in il re/la regina
können potere; *(gelernt haben)* sapere
Konsulat consolato
konsultieren consultare
Kontakt contatto
Kontrolleur il controllore
Konzert concerto
Kopf capo, testa; ~**kissen** cuscino; ~**schmerzen** mal di testa
Korb cesto
Korkenzieher il cavatappi
Körper corpo
korrekt corretto
Kosten le spese
kosten costare
kostenlos gratis
kostspielig costoso
Kraft forza
kräftig forte
krank malato; ~ **werden** ammalarsi
Krankenhaus l'ospedale *m*
Krankenschwester infermiera
Krankheit malattia
Kredit credito
Kreuzung *(Straße)* incrocio
Krieg guerra
Küche cucina
kühl fresco
Kunde il cliente
Kunst l'arte *f*
Künstler/in l'artista *m/f*
Kupfer il rame
Kurort luogo di cura
Kurs corso; *(Wechsel~)* cambio
Kurve curva
kurz *(räumlich)* corto; *(zeitlich)* breve; ~**fristig** a breve scadenza
kürzlich recente
Kuß bacio
küssen baciare
Küste costa

L

lachen ridere
Laden negozio
Lage la situazione; *(eines Ortes)* la posizione
Lampe lampada
Land il paese; *(Gegensatz zu Wasser)* terra; ~**gut** il podere; ~ **haus** casa di campagna
landen atterrare
Landschaft paesaggio
Landsmann compaesano
Landstraße strada provinciale
Landung atterraggio
lang lungo
Länge lunghezza
langsam *(adj)* lento; *(adv)* lentamente, piano
langweilig noioso
Lärm il rumore, il chiasso
lassen lasciare
lästig seccante
Lastwagen il camion
laufen correre
Laune l'umore *m*
laut rumoroso; ~ **sprechen** parlar forte
läuten suonare
Lautsprecher l'altoparlante *m*
Leben vita
leben vivere
lebend vivente
Lebensmittel gli alimentari
lebhaft vivace
Leder la pelle, cuoio
ledig *(Frau)* nubile; *(Mann)* celibe
leer vuoto
legen mettere
lehren insegnare
Lehrer/in l'insegnante *m/f*
leicht facile; *(Gewicht)* leggero; *(geringfügig)* lieve
leid tun dispiacere
leider purtroppo
leihen prestare
leise piano, a bassa voce
Leiter, der il direttore; ~, **die** scala
Leitung *(el, tel)* linea; *(Gas, Wasser)* conduttura
lernen imparare
lesen leggere
letzte, der, die, das l'ultimo, l'ultima
leuchtend chiaro, brillante
leugnen negare
Leute la gente
Licht la luce; ~ **anmachen/ausmachen** accendere/spegnere la luce
lieb caro; **jdn** ~ **haben** voler bene a qlc
Liebe l'amore *m*
lieben amare
liebenswürdig caro, gentile
Liebenswürdigkeit gentilezza
lieber *(adv)* piuttosto; ~ **haben** preferire
Liebling *(Anrede)* tesoro
Lied la canzone
liefern fornire
liegen giacere; ~ **lassen** dimenticare
Liegestuhl la sdraio
Lift l'ascensore *m*
Linie la linea
linke(r, s) sinistro
links a sinistra
Lippe labbro
Liste lista
Liter litro
loben lodare
Loch buco
Löffel cucchiaio
Loge *(Theater)* palco
Lokal *(Gaststätte)* il ristorante; *(Tanz~)* locale *m* da ballo
löschen spegnere
lösen risolvere
Luft aria
lüften aerare
Luftzug la corrente d'aria
Lüge bugia
Lust voglia; ~ **haben (auf)** aver voglia (di)
lustig allegro; *(erheiternd)* divertente
luxuriös lussuoso
Luxus lusso

M

machen fare; *(herstellen)* produrre; ~ **lassen** far fare
Mädchen ragazza
mager magro
Mahlzeit pasto
Mal volta; **ein** ~ una volta; **zwei** ~ due volte; **jedes** ~ ogni volta
malen dipingere
Maler il pittore
Malerei pittura
malerisch pittoresco
man si
manchmal qualche volta
Mangel *(Fehlen)* mancanza; *(Fehler)* difetto
Mann uomo; *(Ehe~)* marito
männlich maschile
Mannschaft *(Sport)* squadra; *(Schiff)* equipaggio
Mantel mantello, cappotto
Mappe *(Akten~)* cartella
Mark marco
Marke *(Brief~)* francobollo; *(Handels~)* marca
Markt mercato
Marmelade marmellata
Maschine macchina
Maß misura
mäßig moderato
Mauer muro
Meer il mare
mehr più; ~ **als** più che, più di; ~ **oder weniger** più o meno
mein (il) mio; ~**erseits** da parte mia; ~**etwegen** per causa mia, per me
meinen pensare
Meinung opinione; **nach meiner** ~ secondo me
melden denunciare; *(berichten)* riferire
Menge quantità; *(Menschen~)* folla; **eine** ~ molto, un mucchio di
Mensch uomo
menschlich umano
Menü il menù
merken notare; **s. etw.** ~ tenere a mente qc
Messe *(rel)* messa; *(Ausstellung)* mostra
messen misurare
Messer coltello
Meter metro
mich mi, me
Miete la pigione, affitto
mieten affittare
Milch il latte
mild mite, dolce
mindestens per lo meno
Minute minuto
mir mi, a me
Mißbrauch abuso
mißbrauchen abusare
mißtrauen diffidare
Mißverständnis malinteso
mißverstehen fraintendere
mit con
mitbringen portare con sè
Mitleid la compassione
Mittag mezzogiorno; ~**essen** pranzo; ~**s** a mezzogiorno
Mitte mezzo, centro
mitteilen comunicare
Mitteilung la comunicazione
Mittel mezzo; *(Heil~)* medicina
Mittelmeer Mediterraneo
Mitternacht mezzanotte; **um** ~ a mezzanotte
Möbel il mobile
möblieren ammobiliare
Mode moda
modern moderno
mögen *(gern haben)* piacere; *(wünschen)* volere
möglich possibile
Möglichkeit possibilità
Mole molo
Moment momento, l'istante *m*
Monat il mese
monatlich mensile
Mond la luna
Morgen mattino, mattina
morgen domani; ~ **früh/abend** domani mattina/sera; **morgens** al mattino

Motor il motore; ~**boot** motoscafo; ~**rad** motocicletta
Mücke zanzara
müde stanco
Mühe sforzo; **s. ~ geben** sforzarsi
Mund bocca
münden *(Fluß)* sboccare, sfociare; *(Straße)* finire, sboccare
Münze moneta
Museum museo
Musik musica
müssen dovere
Muster modello; *(Probe)* il campione
Mutter la madre
Mütze berretto

N

nach *(zeitlich)* dopo; ~ **Bologna** a Bologna; ~ **Frankreich** in Francia; ~**her** dopo
Nachbar vicino
nachlässig negligente
Nachmittag pomeriggio; ~**s** di pomeriggio
nachprüfen controllare
Nachricht notizia
nachsenden inoltrare
nächste prossimo
Nacht la notte; **heute ~** stanotte
Nachteil svantaggio, l'inconveniente *m*
Nachtessen cena
Nachtlokal il locale notturno
nachzahlen pagare il supplemento
Nadel ago; **Sicherheits~** spillo di sicurezza; **Steck~** spillo
Nagel chiodo
Nähe vicinanza
nahe vicino; ~ **bei** vicino a
nähern, s. ~ avvicinarsi
nahrhaft nutriente
Nahrung nutrimento; ~**smittel** alimento
Name il nome
naß bagnato; *(durchnäßt)* inzuppato
Nation la nazione
Natur natura
natürlich *(adj)* naturale; *(adv)* naturalmente
Nebel nebbia
neben vicino a
Neffe il nipote
nehmen prendere
nein no
Nelke garofano
nennen chiamare
nett simpatico; *(freundlich)* gentile
Netz la rete
neu nuovo; *(kürzlich)* recente
neugierig curioso
Neuheit novità
Neuigkeit novità
Neujahr capodanno
neulich l'altro giorno
nicht non; ~ **einmal** neppure; ~ **wahr?** non è vero? **gar ~** niente affatto; **noch ~** non ancora
Nichte la nipote;
nichts niente; **sonst ~** nient'altro
nie mai
nieder, niedrig basso
niemand nessuno
nirgends in nessun luogo
noch ancora; ~ **nicht** non ancora
Nonne monaca, suora
Norden il Nord
nördlich a Nord; ~ **von** a Nord di
Nordosten Nord-Est
Nordwesten Nord-Ovest
Notfall, im ~ in caso di bisogno
notieren notare
nötig necessario
Notizblock blocco per appunti
notwendig necessario
Notwendigkeit la necessità
Null zero
numerieren numerare
Nummer numero
nun ora
nur solo, soltanto
nützlich utile
nutzlos inutile

O

ob se
oben sopra, sù; **dort ~** lassù; **nach ~** sù
obgleich sebbene
Obst frutta
obwohl benché
oder oppure
Ofen stufa
offen aperto
offenbar *(adj)* evidente; *(adv)* evidentemente
öffentlich pubblico
offiziell ufficiale
öffnen aprire
oft spesso
ohne senza
Ohr orecchio; **~ringe** gli orecchini
Öl olio
Olive oliva
Omnibus l' omnibus *m*
Onkel zio
Oper opera
Orange arancia
Orden *(rel)* l'ordine *m*
ordentlich *(geordnet)* ordinato; *(anständig)* perbene
Ordnung l'ordine *m*
Ort luogo; **~schaft** località

Osten l'Est *m*
Ostern Pasqua
Österreich Austria
Österreicher/in l'austriaco/l'austriaca
Ozean oceano

P

Paar, ein ~ un paio di; *(Ehe~)* coppia
paar, ein ~ alcuni
Päckchen pacchetto
packen *(Koffer)* fare le valigie
Paket pacco
Papier carta
Parfüm profumo
Park parco, giardino pubblico
parken parcheggiare
Parkplatz parcheggio
Partei partito
Paß passaporto; *(Gebirge)* passo
Passagier passeggero
passen andar bene
passieren succedere
Pause pausa, intervallo
Pelz pelliccia
Peripherie periferia
Person persona
Personal il personale
Personalien le generalità
persönlich personale
Pfad sentiero
Pfand pegno; **~leihe** il monte di pietà
Pfarrer *(katholisch)* parroco; *(evangelisch)* pastore
Pfeife pipa
Pferd cavallo
Pfingsten la Pentecoste
Pflanze pianta
Pflicht il dovere
pflücken cogliere
Pförtner portinaio
Pfund mezzo chilo
Plan piano; *(Absicht, Entwurf)* progetto
Platte *(Gericht)* piatto, pietanza; *(Schall~)* disco; *(Langspiel~)* long-playing, 33 giri; **~nspieler** il giradischi
Platz piazza; *(Sitz~)* posto
plötzlich improvviso
Polizei polizia; **~wache** commissariato

Polizist poliziotto; *(Verkehrs~)* il vigile
Portal il portale
Portier il portiere
Porto affrancatura
Porzellan porcellana
Post posta
Postamt ufficio postale
Postkarte cartolina postale
prächtig magnifico
praktisch pratico
Predigt predica
Preis *(Geld)* prezzo; *(Sieges~, Gewinn)* premio
Priester il prete
privat privato
Probe prova
probieren provare; *(Speisen)* assaggiare
Produkt prodotto
Programm il programma
Prospekt prospetto
protestieren protestare
Prozent percento; **~satz** la percentuale
prüfen controllare
Prüfung l'esame *m*
Puder cipria; *(Körper~)* talco
Pullover il pullover
Pulver la polvere
Punkt punto
pünktlich *(adj)* puntuale; *(adv)* puntualmente
putzen pulire

Q

Qualität qualità
quer durch attraverso
quittieren dare la ricevuta
Quittung ricevuta

R

Rabatt sconto
Rad ruota; *(Fahr~)* bicicletta
Radio la radio; **~apparat** l'apparecchio radio
Rand orlo
rasch *(adj)* svelto, rapido; *(adv)* rapidamente
Rasierapparat rasoio elettrico
Rat consiglio
jdn um ~ fragen chiedere consiglio a qlc
raten consigliare; *(erraten)* indovinare
Rauch fumo
rauchen fumare
Raum spazio; *(Räumlichkeit)* il locale
rechnen calcolare; **zusammen~** sommare
Rechnung conto; **~sbetrag** importo
Recht diritto
recht haben aver ragione
rechte(r, s) destro
rechts a destra
Rechtsanwalt avvocato
rechtzeitig *(adv)* a tempo, in tempo
reden discorrere, parlare
regelmäßig regolare
regeln regolare
Regen pioggia; **~mantel** l'impermeabile *m*; **~schirm** l'ombrello
regnen piovere
reich ricco

reichen *(aus~)* bastare; *(s. erstrecken)* estendersi; *(über~)* porgere
Reichtum ricchezza
reif maturo
Reihe fila
reinigen pulire
Reinigung *(Geschäft)* lavanderia a secco
Reise viaggio; **~büro** agenzia di viaggi
reisen viaggiare; **~ nach** andare a
Reisende, der il viaggiatore
Reiseroute itinerario
reißen *(ziehen)* tirare; *(kaputtgehen)* rompersi
Reißnagel puntina
Reißverschluß chiusura lampo
Reklame la reclame
reklamieren reclamare
rennen correre
Reparatur la riparazione; **~werkstatt** officina
reservieren riservare
Rest resto; **~e** gli avanzi; *(Stoff-~)* lo scampolo
Restaurant il ristorante
retten salvare
Revue il varietà; *(Zeitschrift)* rivista
Richter il giudice
richtig giusto; *(geeignet)* adatto; **~stellen** rettificare, mettere a posto
Richtung la direzione
riechen sentire; **~ nach** sapere di
Riegel chiavistello
Riemen cinghia
Ring anello
Risiko rischio
Rohr tubo
rot rosso
Route itinerario
Rückfahrt viaggio di ritorno
Rückkehr ritorno
Rücksicht riguardo; **~slos** senza riguardo
rückwärts all'indietro
rudern remare
rufen chiamare
Ruhe riposo; *(seelisch)* la pace; *(Stille)* silenzio
ruhen *(aus~)* riposarsi
ruhig tranquillo
rund rotondo
Rundfahrt giro

S

Saal sala
Sache cosa; *(Angelegenheit)* faccenda
Sack sacco
sagen dire
Saison la stagione; **außerhalb der ~** fuori stagione; **Hoch~** alta stagione
sammeln far raccolta di, raccogliere
Sammlung raccolta
Samt velluto
Sand sabbia
satt sazio, pieno
Satz la frase
sauber pulito
sauer acido
Säule colonna
Schachtel scatola
schade, es ist ~ è un peccato; **wie ~!** che peccato!
Schaden danno; guasto; **~ersatz** indennizzo
schaden nuocere, danneggiare
schädlich dannoso
Schaffner bigliettaio; *(Zug)* il conduttore, il controllore
Schallplatte disco
Schalter sportello; *(el)* l'interruttore *m*
scharf *(Geruch)* acuto, forte; *(Geschmack)* piccante
Schatten ombra
schätzen stimare, valutare
schauen guardare
Schaufenster vetrina

Schauspiel *(Theater)* spettacolo
Scheck assegno
Scheibe *(Fenster)* vetro; *(Brot)* fetta
Schein *(Geld~)* banconota; *(Anschein)* apparenza
scheinen sembrare; *(glänzen)* risplendere
schenken regalare
Schere le forbici
Scherz scherzo
schicken mandare
schießen sparare
Schiff la nave; *(Dampfer)* vaporetto; *(Kirchen~)* navata
Schirm ombrello
Schlaf sonno; **~mittel** sonnifero; **~wagen** vagone letto; **~zimmer** camera da letto
schlafen dormire
Schlag colpo
schlagen colpire; *(Uhr)* suonare, battere
Schlamm fango
Schlange il serpente; **~ stehen** fare la fila
schlank snello
schlau furbo
Schlauch tubo
schlecht *(adj)* cattivo, *(Wetter)* brutto; *(adv)* male
schließen chiudere
schlimm cattivo; **~er** peggio; **~st** pessimo
Schloß castello; *(Tür)* serratura
Schluck sorso
Schluß *(Ende)* la fine, il finale
Schlüssel la chiave
schmackhaft gustoso
schmal stretto
schmecken piacere; **~ nach** sapere di
Schmerz il dolore
schmerzen far male
schmerzhaft doloroso
Schmuck gioiello
Schmutz sporcizia; *(Schlamm)* fango
schmutzig sporco
Schnee la neve
schneiden tagliare
Schneider/in sarto/sarta
schneien nevicare
schnell *(adj)* rapido, veloce; ~ *(adv)* presto, rapidamente, velocemente, in fretta
Schnelligkeit velocità; *(Eile)* fretta
Schnur spago
schon già
schön bello
Schönheit bellezza
Schraube la vite
schrecklich terribile
schreiben scrivere
schreien gridare
Schrift *(Hand~)* calligrafia
schriftlich per iscritto
Schritt passo
Schuh scarpa; **~band** stringa; **~bürste** spazzola da scarpe; **~creme** lucido; **~geschäft** negozio di scarpe; **~macher** calzolaio
Schuld colpa; *(Geld)* debito
schulden dovere
Schule scuola
Schulter spalla
Schuß colpo
Schüssel terrina, insalatiera
Schuster calzolaio
Schutz la protezione
schwach debole
Schwäche debolezza
Schwager cognato
Schwägerin cognata
schwarz nero
Schweigen silenzio
schweigen tacere; **~d** silenzioso
Schweiz la Svizzera
Schweizer/in lo svizzero/ la svizzera
schwer pesante; *(Krankheit)* grave; *(schwierig)* difficile
Schwester sorella; *(Kranken~)* infermiera; *(Ordens~)* suora
schwierig difficile
Schwierigkeit difficoltà
Schwimmbad piscina
schwimmen nuotare
Schwindler l'imbroglione *m*
schwitzen sudare
See *(Meer)* il mare; **der ~** lago
sehen vedere
Sehenswürdigkeiten le cose (interessanti) da vedere
sehr molto
Seide seta
Seife il sapone
Seil corda
sein essere; *(poss prn)* (il) suo

seit da; ~ **wann?** da quando?; ~**dem** da quando
Seite la parte, lato; *(Buch)* pạgina
Sekunde secondo
selbstverständlich *(adj)* ọvvio, naturale; *(adv)* certamente, naturalmente
selten *(adj)* raro; *(adv)* raramente
senden inviare, mandare
Sendung *(Radio, Fernsehen)* la trasmissione
setzen mẹttere; **s.** ~ sedersi
sicher *(adj)* sicuro; *(adv)* certamente
Sicherheit sicurezza; *(Garantie)* garanzịa; ~**snadel** spillo di sicurezza
Sicherung *(el)* vạlvola (di sicurezza)
Sicht vista
sichtbar visịbile
Sichtvermerk visto
Sie Lei, *(pl)* voi, Loro
sie lei, *(pl)* loro
Signal il segnale
Silber argento
singen cantare
Sinn senso
Sitz la sede; *(Wohn~)* domicịlio
sitzen sedere
so così
sofort sụbito
sogar pure, magari
Sohn fịglio
solange finché
solch tale
sollen dovere
Sommer l'estate *f*
Sonder . . . speciale
sonderbar strano
sondern ma
Sonne il sole; **bei** ~**naufgang** all'alba; **bei** ~**nuntergang** al tramonto; ~**nbrille** gli occhiali da sole; ~**nschirm** l'ombrellone *m*
sonst altrimenti; *(außerdem)* inoltre; *(Gegensatz)* se no
Sorge *(Pflege)* cura; *(Besorgnis)* la preoccupazione
sorgen für pensare a; **s.** ~ **um** preoccuparsi di
Sorgfalt accuratezza
sorgfältig accurato
Sorte la spẹcie; *(Zigaretten)* marca
Spanien la Spagna
Spanier/in lo spagnolo/la spagnola
spanisch spagnolo
sparen risparmiare
Spaß *(Scherz)* scherzo; *(Vergnügen)* divertimento
spät tardi
spazierengehen passeggiare
Spaziergang passeggiata; **einen** ~ **machen** fare una passeggiata
Speise cibo; *(Gericht)* pietanza; ~**karte** lista; ~**saal** sala da pranzo; ~**wagen** vagone ristorante
speisen mangiare
Sperre *(Bahnhof)* cancello
Spesen le spese
speziell speciale
Spiegel spẹcchio
Spiel giọco; ~**platz** campo da gioco; ~**zeug** giocạttolo
spielen giocare; *(Klavier)* suonare
Spiritus *(Brenn~)* spịrito, alcool; ~**kocher** fornello a spịrito
Spitze punta; *(Gebirge)* cima; *(Gewebe)* merletto, pizzo; **Finger**~ punta del dito
Sport lo sport; ~**platz** campo sportivo
Sprache lịngua
sprechen parlare
springen saltare
Spur trạccia
Staat lo Stato
Staatsangehörigkeit cittadinanza
Stadt città; ~**plan** pianta della città; ~**teil** il quartiẹre
stark forte; *(dick)* grosso; *(beleibt)* corpulento
Stärke forza
Start partenza; *(Flugzeug)* decollo
statt invece di; ~**finden** aver luọgo
Staub la pọlvere
stechen pụngere
Steckdose presa di corrente
Stecker spina
Stecknadel spillo
stehen stare (in piedi); ~**bleiben** fermarsi
stehlen rubare

steigen salire
steil ripido
Stein pietra
Stelle posto
stellen mettere
Stellung la posizione; *(An~)* impiego
Stempel timbro
sterben morire
Stern stella
stets sempre
still silenzioso
Stimme la voce
stinken puzzare
Stirn la fronte
Stock il bastone; **~werk** piano
Stoff stoffa
stören disturbare
Störung disturbo; *(Unterbrechung)* l'interruzione *f*
Stoß spinta; *(Zusammen~)* scontro
stoßen spingere

Strafe pena; *(Geld~)* multa
Strahl raggio; *(Wasser~)* getto d'acqua
Strand spiaggia
Straße via, strada; *(Land~)* strada provinciale
Straßenbahn il tram; **~schaffner** bigliettaio
Strauß *(Blumen)* mazzo
Strecke tratto; *(Bahn~)* linea ferroviaria
Streichholz fiammifero; **~schachtel** scatola di fiammiferi
Streit la lite, la disputa
streng severo
Strom *(Fluß)* il fiume; *(el)* la corrente (elettrica)
Stück pezzo; **ein ~ Brot** un pezzo di pane
Student lo studente
studieren studiare
Studium lo studio
Stuhl sedia
Stunde ora; **eine halbe ~** una mezz'ora; **eine Viertel ~** un quarto d'ora; *(Unterrichts~)* l'ora, la lezione
stündlich ogni ora
Sturm tempesta
stürzen *(fallen)* cadere
suchen cercare
Süden il Sud
südlich del Sud, meridionale; **~ von** a Sud di
Summe somma, importo
süß dolce

T

Tabak tabacco
Tablett vassoio
Tag giorno
täglich *(adj)* giornaliero; *(adv)* ogni giorno, giornalmente
Tal la valle
tanken far benzina
Tankstelle il distributore di benzina
Tante zia
Tanz ballo, danza
tanzen ballare, danzare
Tasche tasca; *(Hand~)* borsa
Taschendieb borsaiolo
Taschenlampe pila tascabile, torcia elettrica
Taschentuch fazzoletto
Tasse, eine ~ . . . una tazza di . . .
Tat l'azione *f*; **in der ~** infatti
Tatbestand le circostanze di fatto
Tätigkeit attività
Tatsache fatto
Taube il piccione; la colomba
tauchen immergersi, nuotare sott'acqua
tauschen cambiare
täuschen, s. ~ sbagliarsi
tausend mille
Taxi il tassì
Tee il tè
Teil la parte
teilen dividere; **mit jdm ~** dividere con qlc

teilnehmen (an) prẹndere parte (a)
Telefon telẹfono; ~**gespräch** telefonata; ~**verzeichnis** elenco telefọnico; ~**zelle** cabina telefọnica
telefonieren telefonare
Telegramm il telegramma
telegraphieren telegrafare
Teller piatto
Tennisplatz campo da tennis
Termin il termine, data; *(Frist)* scadenza
teuer caro
Tiber il Tẹvere
tief profondo; *(niedrig)* basso
Tier l'animale *m*
Tisch tạvolo, tạvola
Tochter fịglia
Tod la morte
Toilette la toilette, gabinetto; ~**npapier** carta igiẹnica
Ton tono; *(Betonung)* accento; *(Farbe)* tono, tonalità; ~**waren** le cerạmiche
Topf *(Koch~)* pẹntola
Tor, das ~ il portone
tot morto
Tour gita, giro; ~**ist/in** il /la turista
tragen portare; *(er~)* sopportare
Träger *(Gepäck~)* facchino
transportieren trasportare
Trauben uva
Traum sogno
träumen sognare
traurig triste
treffen incontrare; *(an~)* trovare
trennen separare; *(teilen)* divịdere
Treppe scala
trinkbar potạbile
trinken bere
Trinkgeld mạncia
trocken secco, asciụtto
trocknen asciugare
Tropfen gọccia
trotz malgrado; ~**dem** nonostante
trüb *(Flüssigkeit)* tọrbido; *(Wetter)* coperto
Tuch panno; *(Lappen)* strạccio; *(Kopf~)* fazzoletto, foulạrd
tüchtig capace, bravo
tun fare
Tunnel il tụnnel, gallerịa
Tür porta; *(Haus~)* il portone
Turm la torre; *(Kirch~)* il campanile
Tüte sacchetto

U

übel *(böse)* malvạgio; *(schlecht)* cattivo, brutto; **mir ist** ~ mi sento male
üben esercitare
überall dappertutto
überbringen portare
Überfahrt traversata
Überfall l'aggressione *f*
überflüssig supẹrfluo
überfüllt affollato, piẹno
Übergang passạggio
übergeben consegnare
überholen sorpassare
überlegen riflẹttere
übermorgen dọpodomạni
übernachten pernottare
überrascht sorpreso
überreden persuadere
überschreiten passare
Übersee l'oltremare *m*
übersenden spedire
übersetzen tradurre
übertragbar cedịbile
übertreiben esagerare
überweisen *(Geld)* rimẹttere, inviare
Überweisung rimessa
überzeugen persuadere
üblich sọlito, abituạle
übrig rimanente; ~**bleiben** rimanere, restare; ~**ens** del resto
Übung esercịzio
Ufer sponda
Uhr *(Armband~)* orolọgio da polso; *(Wand~)* orolọgio da parete

um *(herum)* intorno a; *(gegen)* verso; *(Zeitangabe)* alle
umarmen abbracciare
Umgebung i dintorni
umgekehrt inverso; **in ~er Richtung** nella direzione opposta
umkehren ritornare, tornare indiẹtro
Umleitung la deviazione
Umrechnung la conversione, cạmbio
umsonst *(gratis)* gratis; *(vergeblich)* invano
Umstände le circostanze
umsteigen cambiare
umtauschen cambiare
Umweg giro
Umwelt l'ambiente *m*
umziehen cambiare casa; **s. ~** cambiarsi
unangenehm spiacẹvole
unanständig indecente
unbedingt *(adv)* assolutamente
unbekannt sconosciuto
unbequem scọmodo
unbestimmt indeterminato
und e; **~ so weiter** e così via, eccẹtera
undankbar ingrato
unecht falso
unentbehrlich indispensạbile
unentschlossen indeciso
unerfahren inesperto
unerfreulich spiacẹvole
unerträglich insopportạbile
unerwartet inaspettato
unerwünscht indesiderato
unfähig incapace
Unfall l'incidente *m*
unfreundlich sgarbato
ungeeignet inadatto
ungefähr circa, quasi
ungemütlich poco accogliẹnte
ungenau impreciso
ungenügend insufficiente
ungerecht ingiusto
Ungerechtigkeit ingiustizia
ungern malvolentieri
ungesund malsano
ungewiß incerto
ungewöhnlich insọlito
unglaublich incredịbile
Unglück sfortuna, disgrạzia
unglücklich infelice, sfortunato
~erweise sfortunatamente

ungültig non vạlido
ungünstig sfavorẹvole
Unkosten le spese
unmittelbar *(adj)* immediato; *(adv)* immediatamente
unmodern fuori moda
unmöglich impossịbile
unnötig non necessạrio
unnütz inụtile
Unordnung il disọrdine
unpraktisch poco prạtico
Unrecht ingiustịzia
unrecht haben aver torto
unregelmäßig irregolare
unruhig irrequiẹto, agitato
uns ci, *(betont acc)* noi, *(dat)* a noi
unschädlich innọcuo
unschuldig innocente
unser (il) nostro
unsicher insicuro; *(ungewiß)* incerto
unten giù, dabbasso; **dort ~** laggiù
unter sotto; *(zwischen)* tra, fra; **~ anderem** fra l'altro
~halb sotto
unterbrechen interrọmpere
Unterführung sottopassạggio
unterhalten, s. ~ conversare, divertirsi
unterhaltend divertente
Unterhaltung *(Gespräch)* la conversazione; *(Vergnügen)* divertimento
Unternehmen impresa
unterrichten informare; *(Schule)* far lezione
unterscheiden distịnguere; **s. ~ von** distịnguersi da
Unterschied differenza
unterschreiben firmare
Unterschrift firma
Unterstützung aiụto, appọggio
Unterwäsche biancherịa ịntima
unvermeidlich inevitạbile
unverschämt sfacciato
unvollständig incompleto
unvorsichtig imprudente
unwahrscheinlich improbạbile
Unwetter tempesta
unwichtig poco importante
unwohl indisposto
unzufrieden scontento
Urlaub vacanza, le fẹrie
Ursache causa
Urteil giudịzio
urteilen giudicare

V

Vater il padre; ~**land** pạtria

verabreden, s. ~ darsi appuntamento

Verabredung appuntamento

verändern cambiare

Veränderung cambiamento

Veranstaltung la manifestazione; *(Aufführung)* spettạcolo

verantwortlich responsạbile

verbergen nascọndere

verbessern migliorare; *(Fehler)* corrẹggere

verbieten proibire

verbinden legare; *(tele)* mettere in comunicazione

Verbindung la relazione, rapporto, contatto; *(tele)* la comunicazione

Verbot divieto

verboten vietato

Verbrauch consumo

verbrauchen consumare

Verbrechen delitto

verbrennen bruciare

verbringen *(Zeit)* passare

Verdacht sospetto

verdächtig sospetto

verderben rovinare; *(schlecht werden)* andare a male

verdienen guadagnare; *(wert sein)* meritare

Verdienst, der ~ guadagno; **das ~** mẹrito

verdorben *(faul)* guasto; *(sittlich)* corrotto

Verein l'associazione *f*

vereinbaren accordarsi su

Verfassung la costituzione; *(Zustand)* stato

Vergangenheit passato

vergehen *(Zeit)* passare

vergessen dimenticare

vergleichen comparare, confrontare

Vergnügen il piacere

verheiratet mit sposato con

verhindern impedire

verirren, s. ~ smarrirsi

Verkauf vẹndita

verkaufen vẹndere

Verkäufer/in il venditore/la venditrice

Verkehr trạffico

verkehren *(Verkehrsmittel)* circolare

verlangen chiẹdere; *(fordern)* esịgere

verlängern allungare; *(zeitlich)* prolungare

verlassen lasciare, abbandonare

Verletzung ferita

verlieren pẹrdere

verloben, s. ~ mit fidanzarsi con

Verlobte, der, die il fidanzato, la fidanzata

Verlust pẹrdita

vermeiden evitare

vermieten affittare

Vermittler il mediatore

vermuten supporre

Vermutung la supposizione

vernachlässigen trascurare

vernünftig ragionẹvole

verpacken imballare

Verpackung imballạggio

Verpflegung l'alimentazione *f*, vitto

verpflichtet sein ẹssere obbligato

Verpflichtung ọbbligo

verrechnen, s. ~ sbagliarsi

verreisen partire

verrückt pazzo

versäumen *(verpassen)* pẹrdere

verschaffen procurare

verschieben *(zeitlich)* rimandare

verschieden diverso

verschließen chiụdere a chiave

verschreiben *(verordnen)* prescrịvere

verschwinden sparire

Versehen, aus ~ erroneamente, per sbạglio

versenden spedire

versichern assicurare

Versicherung l'assicurazione *f*
versorgen mit rifornire di
verspäten, s. ~ ritardare
Verspätung ritardo
Versprechen promessa
versprechen promettere
Verstand intelligenza; *(Vernunft)* la ragione
verständigen, jdn ~ informare qlc; **s. ~** intendersi
verstehen capire
Versuch tentativo
versuchen tentare; *(Speisen)* assaggiare
vertauschen scambiare
verteidigen difendere
verteilen distribuire
Verteilung la distribuzione
Vertrag contratto
Vertrauen fiducia
vertrauen auf fidarsi di
Vertreter il rappresentante
verunglücken avere un incidente, infortunarsi
verursachen causare
Verwaltung l'amministrazione *f*
verwandt imparentato
verwechseln scambiare
verwenden adoperare, usare
Verwendung uso
verwirklichen realizzare
verzehren consumare
Verzeichnis elenco
verzeihen scusare, perdonare
Verzeihung perdono
verzögern tardare
verzollen sdoganare
verzweifelt disperato
viel molto
vielleicht forse
vielmehr anzi
Viertel, ein ~ un quarto
vierzehn Tage quindici giorni
Villa villa
Visitenkarte biglietto di/da visita
Visum visto
Vogel uccello
Volk popolo
voll pieno; *(ganz)* tutto; **(~ besetzt)** pieno, al completo
vollenden terminare
vollkommen perfetto
Vollmacht delega, procura
vollständig *(adj)* completo; *(adv)* completamente
von da, di
vor *(räumlich)* davanti a; *(zeitlich)* prima di; **~ allem** soprattutto, anzitutto
voraus im ~ in anticipo
Vorbehalt, mit ~ con riserva
vorbeigehen passare (da qlc/ davanti a qc)
vorbereiten preparare
vorbestellen prenotare
Vorfall fatto; *(Zwischenfall)* contrattempo, l'incidente *m*
vorgehen andare avanti
vorgestern l'altroieri
Vorhang tenda
vorher prima
vorläufig *(adv)* provvisoriamente
vorletzte, der, die, das il penultimo, la penultima
Vormittag mattina; **~s** di mattina
Vorname il nome (di battesimo)
vornehm distinto
Vorort, Vorstadt sobborgo
Vorrat provvista

Vorschlag proposta
vorschlagen proporre
Vorschrift regolamento
Vorsicht la precauzione; **~!** attenzione!
vorsichtig attento, cauto, prudente
Vorspeise antipasto
vorstellen presentare
Vorstellung la presentazione; *(Begriff)* idea; *(Theater)* la rappresentazione, spettacolo
Vorteil vantaggio
vorteilhaft vantaggioso
vorüber passato
vorübergehen passare; **~d** temporaneo, passeggero
Vorverkauf vendita (anticipata)
Vorwand pretesto
vorwärts avanti
vorzeigen presentare
vorziehen preferire
Vorzug pregio; *(Vorteil)* vantaggio

W

Waage bilancia
wach sveglio
wachsen crescere
wagen osare
Wagen *(Zug)* il vagone; *(Auto)* auto, macchina
Wahlen le elezioni
wählen scegliere; *(Politik)* votare; *(tele)* formare il numero
wahr vero
während *(prp)* durante; *(conj)* mentre
Wahrheit verità
wahrscheinlich *(adj)* probabile; *(adv)* probabilmente
Wahrscheinlichkeit probabilità
Währung valuta
Wald bosco; *(Hoch~)* foresta
Wand la parete
wann quando
Ware la merce; **~nhaus** i grandi magazzini
warm caldo
Wärme il calore
wärmen riscaldare
warnen (vor) avvertire (di)
warten aspettare
Wartesaal sala d'attesa
warum perché
was cosa, che cosa; **~ für ein/eine ...?** quale ...?
Wäsche *(Bett~)* biancheria (per il letto); *(zum Waschen)* bucato; *(Unter~)* biancheria intima
waschecht lavabile
waschen lavare
Wäscherei lavanderia
Wasser acqua
Watte il cotone idrofilo
Wechsel cambio; *(Austausch)* scambio
wechseln *(Geld)* cambiare
wecken svegliare
Wecker sveglia
weder ... noch né ... né
Weg via; *(Pfad)* sentiero; *(Straße)* strada
weg via
wegen a causa di, per
weggehen andar via
wegnehmen togliere
wegschicken mandar via
weh tun far male
weich morbido; *(Ton, Farbe)* tenue
weigern, s. ~ rifiutarsi
Weihnachten il Natale
Weihnachtsabend vigilia di Natale
weil perché
weinen piangere
Weise modo
weiß bianco
weit *(Gegenteil von eng)* largo, ampio; *(Weg)* lungo; *(entfernt)* lontano
weiter, und so ~ eccetera, e così via; *~(entfernter)* più lontano
Welt mondo
wenden girare, voltare; **s. an jdn ~** rivolgersi a qlc
wenig poco; **ein ~** un po'; **ein ~ von ...** un po' di; **~er** (di) meno; **das ~ste** il meno; **~stens** per lo meno
wenn *(Bedingung)* se; *(zeitlich)* quando
wer chi
werden diventare
werfen gettare
Werk opera
Werkstatt officina
werktags nei giorni feriali
Werkzeug strumento, l'arnese *m*
Wert il valore
wert, viel ~ sein avere un grande valore
wertlos senza valore
weshalb perché
Westen l'Occidente *m*
westlich occidentale
Wettbewerb concorso
Wette scommessa
wetten scommettere
Wetter tempo
Wetterbericht bollettino meteorologico

wichtig importante
wie *(Frage)* come?; *(Vergleich)* come
wieder di nuovo; *(noch einmal)* ancora una volta
wiederbekommen riavere
wiedergeben ridare
wiederholen ripetere
wiederkommen ritornare
wiedersehen rivedere
wiegen pesare
Wiese prato
wieso perché, come mai
wieviel quanto
Wild selvaggina
wild selvaggio, feroce
willkommen benvenuto
Wind vento
Winkel *(Ecke)* angolo
winken far segno
Winter inverno
wir noi
wirklich reale; *(echt)* vero ; *(adv)* veramente
Wirklichkeit realtà
wirksam efficace
Wirkung effetto
Wirt il padrone, l'oste *m*
Wirtshaus osteria
Wissen il sapere
wissen sapere
Witz barzelletta
witzig spiritoso

wo dove
Woche settimana; **in einer** ~ fra una settimana
wochentags durante la settimana
wöchentlich *(adj)* settimanale; *(adv)* ogni settimana
wofür per che cosa
woher da dove
wohin dove
Wohl il bene
wohl *(adv)* bene; **sich** ~ **befinden** trovarsi bene
wohlhabend benestante
wohlwollend benevolo
wohnen abitare
Wohnort, ~**sitz** domicilio, residenza
Wohnung appartamento; **möblierte** ~ appartamento ammobiliato
Wohnzimmer salotto
Wolke nuvola
Wolkenkratzer grattacielo
Wolldecke coperta di lana
Wolle lana
wollen *(wünschen)* volere
Wort parola
wozu perché, a che scopo
wunderbar meraviglioso
wundern, s. ~ **(über)** meravigliarsi (di)
Wunsch desiderio
wünschen desiderare
Wut rabbia
wütend arrabbiato, infuriato; ~ **werden** arrabbiarsi

Z

Zahl numero
zahlbar pagabile
zahlen pagare
zählen contare
zahlreich numeroso
Zahlung pagamento
Zahn il dente; ~**bürste** spazzolino da denti; ~**pasta** dentifricio; ~**stocher** lo stuzzicadenti
Zange le tenaglie
zanken, s. ~ bisticciarsi
zart *(weich)* tenero; *(~fühlend)* delicato, sensibile
Zeichen segno; *(Beweis)* prova; *(An~)* indizio
zeichnen disegnare
zeigen mostrare; *(hinweisen)* indicare
Zeit tempo; **eine** ~**lang** un periodo di tempo; **von** ~ **zu** ~ di tanto in tanto; **zur** ~ al momento, attualmente

Zeitschrift rivista
Zeitung il giornale; ~**skiosk** edịcola (dei giornali); ~**sverkäufer** giornalạio
Zelt tenda
zelten campeggiare
Zeltplatz il campẹggio
zentral centrale
Zentrum centro
zerbrechen rọmpere
zerbrechlich frạgile
zerreißen strappare
zerstören distrụggere
Zeuge il testimone
Zeugnis la pagella; *(Bescheinigung)* attestato, certificato
ziehen tirare
Ziel scopo; *(Reise~)* meta
ziemlich abbastanza
Zigarette sigaretta
Zigarre sịgaro
Zimmer cạmera
zögern esitare
Zoll dogana; ~**amt** uffịcio doganale; ~**beamter** il doganiẹre; ~**gebühren** i diritti doganali
zornig in cọllera, arrabbiato
zu *(Richtung Sachen)* a, *Richtung Personen)* da; *(geschlossen)* chiuso; *(mit adj)* troppo; ~ **sehr**, ~ **viel** troppo
zubereiten preparare
Zucker zụcchero
zudecken coprire
zuerst prima
Zufall caso (fortụito)
zufällig per caso
zufrieden contento, soddisfatto
Zug treno
Zugang accesso
zugunsten (von) a favore (di)
zuhören (jdm) ascoltare (qlc)
Zukunft futuro
zukünftig futuro
zulassen *(erlauben)* permẹttere
zulässig ammesso
zuletzt alla fine
zumachen chiụdere
zunächst in primo luogo
zunehmen *(dicker werden)* ingrassare; *(anwachsen)* aumentare
Zunge lịngua
zurück indiẹtro
zurückbringen riportare, restituịre
zurückgeben ridare, restituịre
zurückkehren ritornare
zurücklassen lasciare
zurückweisen rifiutare, respịngere
zurückzahlen rimborsare
zurückziehen, s. ~ ritirarsi
zusagen *(Einladung)* accettare
zusammen insiẹme
zuschauen guardare
Zuschauer lo spettatore
Zuschlag *(zum Fahrpreis)* supplemento
zuschließen chiụdere a chiave
Zustand la condizione, la situazione
zustimmen aderire, acconsentire
zuverlässig fidato
zuviel troppo
Zwang ọbbligo
Zweck scopo
zwecklos inụtile
zweckmäßig opportuno; *(nützlich)* ụtile
Zweifel dụbbio; **ohne** ~ senza dụbbio
zweifelhaft dubbioso; *(ungewiß)* incerto
zweifellos senza dụbbio
zweifeln, an etw dubitare di qc;
zweite, der, die, das il secondo, la seconda; ~**ns** in secondo luogo
zwingen costrịngere
zwischen tra, fra
Zwischenlandung scalo

Redewendungen

1 Allgemeine Wendungen Espressioni di uso quotidiano

Begrüßung, Vorstellung, Bekanntschaft	Saluti, presentazione, relazioni
Guten Morgen/Tag!	Buon giorno.
Guten Abend!	Buona sera.*
Hallo! / Grüß dich!	Ciạo!
Wie ist Ihr Name, bitte?	Come si chiama?
Mein Name ist ...	Mi chiamo ...
Sehr angenehm.	Piacere.
Es freut mich, Sie kennenzulernen.	Piacere di conọscerLa.

* Gilt bereits für den Nachmittag, vor allem in Mittel- und Süditalien!

Darf ich bekannt machen? Das ist	Le presento …
Frau X	la signora X
Fräulein X	la signorina X
Herr X	il signor X
mein Mann	mio marito
meine Frau	mia mọglie
mein Sohn	mio fịglio
meine Tochter	mia fịglia
meine Freundin	la mia amica
mein Verlobter	il mio fidanzato
Wie geht es Ihnen/dir?	Come sta/stai?
Danke. Und Ihnen/dir?	Bene, grạzie. E Lei/tu?
Hatten Sie eine angenehme Reise?	Ha fatto buon viạggio?
Woher kommen Sie?	Di dov'è Lei?
Sind Sie schon lange in …?	È qui da molto?
Sind Sie allein?	È solo/sola?
Sind Sie mit Ihrer Familie hier?	È qui con la famịglia?
Wohnen Sie auch im Hotel Astoria?	Ạbita anche Lei all'albergo Astọria?
Haben Sie für morgen schon etwas vor?	Ha già un programma per domani?
Wollen wir zusammen hingehen?	Ci andiạmo insiẹme?
Wann treffen wir uns?	A che ora ci incontriạmo?
Darf ich Sie abholen?	Posso venire a prẹnderLa?
Ich erwarte Sie um 9 Uhr	L'aspetto alle nove
vor dem Kino	davanti al cinema
auf dem … Platz	in piazza …
im Café.	al bar.
Lassen Sie mich bitte in Ruhe!	Mi lasci in pace, per favore!

Besuch	**Una visita**
Entschuldigen Sie, wohnt hier Herr/Frau/Fräulein X?	Scusi, ạbita qui il signor/la signora/la signorina X?
Nein, er/sie ist umgezogen.	No, ha cambiato casa.
Wissen Sie, wo er/sie jetzt wohnt?	Sa dove ạbita adesso?
Kann ich mit Herrn/Frau/Fräulein X sprechen?	Posso parlare col signor/con la signora/con la signorina X?
Wann ist er/sie zu Hause?	Quando sarà in casa?
Kann ich eine Nachricht hinterlassen?	Posso lasciạre un messạggio?
Ich komme später noch einmal vorbei.	Torno più tardi.
Kommen Sie herein.	Si accọmodi.*
Nehmen Sie bitte Platz.	Si accọmodi.*
Ich soll Sie von Paul grüßen.	Tanti saluti da parte di Paul.
Was darf ich Ihnen zu trinken anbieten?	Che cosa Le posso offrire da bere?
Vielen Dank.	Tante grạzie.
Auf Ihr Wohl!	Alla Sua salute!
Können Sie nicht zum Mittagessen/Abendessen bleiben?	Non può rimanere a pranzo/cena?
Vielen Dank. Ich bleibe gern, wenn ich nicht störe.	Grạzie. Rimango volentiẹri, se non disturbo.

In Italien sagt der Besucher *permesso,* bevor er, der Aufforderung des Gastgebers folgend, dessen Wohnzimmer betritt.

Es tut mir leid, aber ich muß gehen.	Mi dispiace, ma devo andạre.
Vielen Dank für den netten Abend.	Grạzie della bella serata.
Ich hoffe, Sie bald wiederzusehen.	Spero di rivederLa presto.
Ich lasse von mir hören.	Mi farò vivo/viva.

Abschied	**Congedo**
Auf Wiedersehen!	Arrivederci!
Bis bald!	A presto!
Bis später!	A più tardi!
Bis morgen!	A domani!
Gute Nacht!	Buona notte!
Tschüß!	Cịao!
Alles Gute!	Tante belle cose!
Danke, gleichfalls!	Grạzie, altrettanto.
Gute Reise!	Buon viạggio!
Grüßen Sie ... von mir.	Mi saluti ...

Bitte und Dank	**Chiedere e ringraziare**
Ja, bitte.	Sì, grạzie.
Nein, danke.	No, grạzie.
Darf ich Sie um einen Gefallen bitten?	Le posso chiẹdere un favore?
Ich möchte . . .	Vorrei . . .
Ich brauche . . .	Ho bisogno di . . .
Könnten Sie mir bitte sagen, wo . . . ist?	Può dirmi, per favore, dove si trova . . .?
Bitte geben/zeigen Sie mir . . .	Mi dịa/mostri . . . per favore.
Gestatten Sie?	Permette?
Können Sie mir bitte helfen?	Mi può aiutare, per favore?
Danke.	Grạzie.
Vielen Dank.	Mille grạzie.
Das ist nett, danke.	Molto gentile, grazie.
Vielen Dank für Ihre Hilfe/Mühe.	Grạzie del Suo aiuto/della Sua premura.
Bitte sehr./Keine Ursache.	Prego!/Non c'è di che!

Entschuldigung, Bedauern	**Scusarsi e rammaricarsi**
Entschuldigung!	Scusi!
Ich muß mich entschuldigen.	Devo scusarmi.
Das tut mir leid.	Mi dispiace tanto.
Es war nicht so gemeint.	Non intendevo dire questo.
Schade!	Peccato!
Es ist leider nicht möglich.	Purtroppo non è possịbile.

Glückwunsch	Auguri
Herzlichen Glückwunsch!	Auguri!
Alles Gute zum Geburtstag/Namenstag!	Tanti auguri per il compleạnno/per l'onomạstico.
Viel Glück!	Buona fortuna!
Hals- und Beinbruch!	In bocca al lupo!
Viel Vergnügen!	Buon divertimento!
Gute Besserung!	Buona guarigione!
Schöne Feiertage!	Buone feste!
Frohe Weihnachten und ein glückliches neues Jahr!	Buon Natale e buon Anno!

Verständigungsschwierigkeiten	Difficoltà di comprensione
Wie bitte?	Come dice?
Ich verstehe Sie nicht. Bitte, wiederholen Sie es.	Non La capisco. Ripeta, per favore.
Sprechen Sie Deutsch? Englisch? Französich?	Parla tedesco? inglese? francese?
Bitte sprechen Sie etwas langsamer/lauter.	Per favore, parli più piano/forte.
Was heißt ... auf italienisch?	Come si dice ... in italiano?
Was bedeutet das?	Che cosa signịfica?
Wie spricht man dieses Wort aus?	Come si pronụncia questa parola?
Schreiben Sie es mir bitte auf!	Me lo scriva, per favore!

Buchstabieren Sie es bitte!	Lo sịllabi, per favore!
Könnten Sie mir bitte diesen Satz übersetzen?	Può tradurmi questa frase, per favore?

Wetter — Il tempo

Wie wird das Wetter heute?	Che tempo farà oggi?
Wir bekommen schönes schlechtes unbeständiges Wetter.	Farà bel tempo. brutto tempo. un tempo variạbile.
Es bleibt schön.	Rimane bello.
Es wird wärmer/kälter.	Sta diventando più caldo/freddo.
Es wird regnen/schneien.	Pioverà/nevicherà.
Es ist kalt/heiß/schwül.	Fa freddo/caldo/afa.
Wir bekommen ein Gewitter/Sturm.	Avremo un temporale/una tempesta.
Es ist neblig/windig.	C'è nẹbbia/vento.
Das Wetter wird wieder schön.	Il tempo si rimette al bello.
Die Sonne scheint.	C'è il sole.
Der Himmel ist wolkenlos/bedeckt.	Il cịelo è sereno/coperto.
Wie ist der Straßenzustand in den Dolomiten?	In che stato si trọvano le strade nelle Dolomiti?
Die Straßen sind vereist.	Le strade sono ghiacciạte.
Schneeketten sind erforderlich	Ci vọgliono le catene.

Wortliste Wetter

Barometer	barọmetro
bewölkt	nuvoloso
Blitz	il fụlmine
Dämmerung	
(am Morgen)	alba
(am Abend)	crepụscolo
Donner	tuọno
Eis	ghiạccio
Frost	gelo
Gewitter	il temporale
Glatteis	strade ghiacciạte
Hagel	la grạndine
Hitze	caldo
Hoch	l'anticiclone *m*, l'alta pressione
Klima	il clima
Luft	ạria
-druck	la pressione atmosfẹrica
Nebel	nẹbbia
Niederschlag	le precipitazioni
Regen	piọggia
-schauer	scrosci di pioggia
Schnee	la neve
Schwüle	afa
Sonne	il sole
-naufgang	il levar del sole
-nuntergang	tramonto
Straßenzustand	lo stato delle strade
Sturm	burrasca
Tauwetter	disgelo
Temperatur	temperatura
Tief	il ciclone, la bassa pressione
Wetter/bericht	bollettino meteorolọgico
-vorhersage	le previsioni del tempo
Wind	vento
Wolke	nụvola
-nbruch	nubifrạgio

Zeitangaben	**l'ora**
Wie spät ist es?	Che ore sono?
Es ist	Sono
3 Uhr.	le tre.
3 Uhr 10.	le tre e dieci.
halb 4.	le tre e mezza.
Viertel vor 4.	le quattro meno un quarto.
5 vor 4.	le quattro meno cinque.
1 Uhr.	È l'una.
12 Uhr mittag/ Mitternacht.	È mezzogiorno/mezzanotte.
Geht diese Uhr richtig?	Questo orologio va bene?
Sie geht vor/nach.	Va avanti/indietro.
Es ist spät/zu früh.	È tardi/troppo presto.
Um wieviel Uhr?/ Wann?	A che ora?/Quando?
Um 2 Uhr.	Alle due.
Um 1 Uhr.	All'una.
In einer Stunde.	Fra un'ora.
In zwei Stunden.	Fra due ore.
Nicht vor 9 Uhr morgens.	Non prima delle nove del mattino.
Nach 8 Uhr abends.	Dopo le otto di sera.
Zwischen 3 und 4.	Tra le tre e le quattro.
Gegen 4 Uhr.	Verso le quattro.
In 14 Tagen	Fra quindici giorni.
Vor einer Woche.	Una settimana fa.
Wie lange?	Per quanto tempo?
Zwei Stunden (lang).	Per due ore.
Von 10 bis 11.	Dalle dieci alle undici.
Bis zum Wochenende.	Fino al fine settimana.
Seit wann?	Da quando?
Seit 8 Uhr morgens.	Fin dalle otto del mattino.

Seit einer halben Stunde.	Da mezz'ora.
Seit acht Tagen.	Da una settimana.

Nützliche Zeitangaben

abends	di sera
alle halbe Stunde	ogni mezz'ora
alle zwei Tage	ogni due giorni
am Wochenende	a fine settimana
diese Woche	questa settimana
gegen Mittag	verso mezzogiorno
gestern	ieri
heute	oggi
in einem Monat	fra un mese
in einer Stunde	fra un'ora
in 14 Tagen	fra quịndici giọrni
innerhalb einer Woche	entro una settimana
letzten Montag	lunedì scorso
morgen	domani
morgens	la mattina (presto)
nächstes Jahr	l'anno prọssimo
nachts	di notte
stündlich	ogni ora
täglich	tutti i giorni, giornaliẹro
tagsüber	di giọrno
übermorgen	dopo domani
um diese Zeit	verso quest'ora
von Zeit zu Zeit	di tanto in tanto
vorgestern	l'altro iẹri
vormittags	la mattina
vor einer Woche	una settimana fa
vor zehn Minuten	dieci minuti fa

Wochentage

Montag	lunedì
Dienstag	martedì
Mittwoch	mercoledì
Donnerstag	giovedì
Freitag	venerdì
Samstag	sạbato
Sonntag	domẹnica

Monate

Januar	gennạio
Februar	febbrạio
März	marzo
April	aprile
Mai	mạggio
Juni	giụgno
Juli	lụglio
August	agosto
September	settembre
Oktober	ottobre
November	novembre
Dezember	dicembre

Jahreszeiten

Frühling	primavera
Sommer	l'estate *f*
Herbst	autunno
Winter	inverno

Feiertage

Neujahr	Capodanno
Ostern	Pasqua
Ostermontag	Lunedì dell'Angelo
25. April	Liberazione
1. Mai	Festa del lavoro
Maria Himmelfahrt (15. August)	Assunzione, Ferragosto
Allerheiligen (1. November)	Ognissanti
8. Dezember	Immacolata Concezione
Weihnachten	Natale
2. Weihnachtsfeiertag	Santo Stẹfano

Datum und Alter — Data e età

Den Wievielten haben wir heute?	Quanti ne abbiamo oggi?
Heute ist der 1. Mai.	Oggi è il primo mạggio.
Morgen ist der 2. Mai.	Domani è il due mạggio.
Ich bin am 12. April 1938 geboren.	Sono nato/nata il dodici aprile millenovecentotrentotto.
Wie alt sind Sie?	Quanti anni ha?
Ich bin 39.	Ho trentanove anni.
Kinder unter 10 Jahren	Bambini sotto i dieci anni.
Für Jugendliche unter 18 kein Zutritt.	Vietato ai minori di 18 anni.

Beruf, Studium — Professione e stụdio

Was machen Sie beruflich?	Qual è la Sua professione?
Ich bin Arbeiter.	Sono operạio.
Ich bin Angestellter.	Sono impiegato.
Ich bin Beamter.	Sono funzionario.
Ich bin Freiberufler.	Sono lịbero professionista.
Ich bin Rentner.	Sono pensionato.
Ich arbeite bei ...	Lavoro in ...
Ich bin noch Schüler.	Vado ancora a scuola.
Ich bin Student.	Sono studente.
Wo/Was studieren Sie?	Dove/Che cosa studia?
Ich studiere ... in München.	Studio ... a Monaco.

Der Italiener verwendet bei den Datumsangaben immer die Grundzahlen, nur für den 1. eines jeden Monats die Ordnungszahl *primo*.

Wortliste Berufe

Akademie	accadẹmia
Angestellter	impiegato
Apotheker	il farmacista
Arbeiter	operạio
Archäologie	archeologịa
Architekt	architetto
Architektur	architettura
Arzt	mẹdico
Automechaniker	automeccạnico
Bäcker	fornạio
Beamter	funzionạrio di Stato; impiegato statale
Bergmann	il minatore
Berufsschule	scuola d'avviamento (professionale)
Betriebswirtschaft	l'economịa *f* aziendale
Bibliothekar	bibliotecạrio
Bildhauer	lo scultore
Biologie	biologịa
Briefträger	il portalẹttere
Buchhalter	il contạbile
Buchhändler	librạio
Chemie	chịmica
Dolmetscher	l'intẹrprete *m/f*
Eisenbahner	il ferroviẹre
Elektriker	l'elettricista *m*
Fahrlehrer	l'istruttore *m* di guịda
Fakultät	la facoltà
Fischer	il pescatore
Förster	la guạrdia forestale
Friseur (für Frauen; für Männer)	il parrucchiẹre; il barbiere
Gärtner	il giardiniẹre
Geographie	la geografịa
Geologie	la geologịa
Germanistik	germanịstica
Geschichte	stọria
Glaser	vetrạio
Handelsschule	scuọla commerciạle
Handwerker	artigiạno
Hausfrau	casalinga

Hebamme	ostẹtrica
Hochschule	l'università *f*
Ingenieur	l'ingegnere *m*
Installateur	idrạulico
Institut	istituto
Journalist	il giornalista
Jura	legge *f*
Kaufmann (Einzelhändler; Geschäftsmann)	il commerciante
Kellner/in	il cameriẹre/la cameriẹra
Kindergärtnerin	maẹstra giardiniẹra
Koch/Köchin	cuọco/cuọca
Konditor	il pasticcẹre
Kraftfahrer	l'autista *m*
Krankenschwester	l'infermiẹra *f*
Künstler	l'artista *m/f*
Kunstgeschichte	stọria dell'arte
Landwirt	l'agricoltore *m*
Lehrer/in	l'insegnante *m/f*
Lehrling	l'apprendista *m*
Maler	(Bilder) il pittore; (Anstreicher) imbianchino
Malerei	pittura
Maschinenbau	ingegnerịa meccạnica
Mathematik	matemạtica
Maurer	il muratore
Mechaniker	meccạnico
Medizin	medicina
Metzger	macellạio
Musik	mụsica
Musiker	il musicista
Notar	notạio
Optiker	ọttico
Pfarrer	pạrroco
Physik	fịsica
Polizist	l'agente *m*; (Verkehr) il vịgile
Postbeamter	impiegato postale
Psychologie	psicologịa
Rechtsanwalt	avvocato
Rentner	pensionato

Richter	il giụdice
Romanistik	romanịstica
Schlosser	fabbro
Schneider/in	sarto/sarta
Schriftsteller/in	lo scrittore/la scrittrice
Schuhmacher	calzolạio
Schule	scuọla
Grundschule	scuọla elementare
Gesamtschule (11 – 14 J.)	scuola mẹdia
Gymnasium (15 – 16 J.)	ginnạsio
Gymnasium (17 – 19 J.)	licẹo
Schüler	alliẹvo, scolaro
Schülerin	alliẹva, scolara
Student/in	lo studente/la studentessa
Studienfach	matẹria di stụdio
Studium	stụdio
Techniker	tẹcnico
Technische Hochschule	politẹcnico
Tierarzt	veterinạrio
Universität	l'università *f*
Vorlesungen	le lezioni

Zahlen	I nụmeri
0	zero
1	uno
2	due
3	tre
4	quattro
5	cinque
6	sei
7	sette
8	otto
9	nove
10	dịeci
11	ụndici
12	dọdici
13	trẹdici
14	quattọrdici
15	quịndici
16	sẹdici
17	diciassette
18	diciọtto
19	diciannove
20	venti
21	ventuno
22	ventidụe
23	ventitré
24	ventiquattro
25	venticinque
26	ventisẹi
27	ventisette
28	ventotto
29	ventinove
30	trenta
31	trentuno
32	trentadụe
40	quaranta
50	cinquanta
60	sessanta
70	settanta
80	ottanta
90	novanta
100	cento
101	centoụno
200	duecento

300	trecento
1000	mille
2000	duemila
3000	tremila
10000	diecimila
100000	centomila
1000000	un milione
1.	primo
2.	secondo
3.	terzo
4.	quarto
5.	quinto
6.	sesto
7.	sẹttimo
8.	ottavo
9.	nono
10.	dẹcimo
½	un mezzo
⅓	un terzo
¼	un quarto
¾	tre quarti
3,5 %	tre vịrgola cinque per cento
27 °C	ventisette gradi
−5 °C	cinque gradi sotto zero
1977	mịllenọvecẹntosettạntasẹtte

2 Mit dem Auto unterwegs
Viaggi in automobile

Auskunft	**Informazioni**
Wie komme ich bitte nach ...?	Scusi, per andare a ...?
Können Sie mir das auf der Karte zeigen?	Me lo può indicare sulla carta, per favore?
Wie weit ist das?	Quanti chilọmetri sono?
Bitte, ist das die Straße nach ...?	Scusi, è questa la strada per ...?
Wie komme ich zur Autobahn nach ...?	Scusi, l'autostrada per ...?
● Immer geradeaus bis ... Dann links/rechts abbiegen.	Sempre (a) diritto fino a ... Poi svolti a sinistra/destra.
● Sie sind hier falsch. Sie müssen zurückfahren bis ...	Ha sbagliato strada. Deve tornare indietro fino a ...

An der Tankstelle	**Alla stazione di servị̣zio**
Wo ist bitte die nächste Tankstelle?	Dov'è la prọssima stazione di servịzio, per favore?
Ich möchte ... Liter Normalbenzin Super Diesel.	Vorrei ... litri di benzina normale super gasọlio, per favore.
Super bitte, für 10 000 Lire.	Diecimila super.
Voll, bitte.	Il pieno, per favore.
Prüfen Sie bitte den Ölstand das Kühlwasser den Reifendruck.	Per favore, controlli il livello dell'olio l'acqua nel radiatore la pressione delle gomme.
Sehen Sie bitte auch den Reservereifen nach.	Controlli anche la ruota di scorta, per favore.
Könnten Sie mir einen Ölwechsel machen?	Cambi l'olio, per favore.
Ich möchte bitte den Wagen waschen lassen.	Vorrei far lavare la mạcchina.
Ich möchte eine Straßenkarte dieser Gegend, bitte.	Desịdero una carta stradale di questa zona.

Parken	**Il parcheggio**
Ist hier in der Nähe eine Parkmöglichkeit?	Scusi c'è un parcheggio qui vicino?
Ist der Parkplatz bewacht?	Il parcheggio è custodito?

Kann ich den Wagen hier abstellen?	Posso lasciare la mạcchina qui?
Haben Sie noch einen Platz frei?	Ha ancora un posto lịbero?
• Wir sind leider voll besetzt.	Purtroppo siamo al completo.
Wie lange kann ich hier parken?	Per quanto tempo posso parcheggiare qui?
Wie hoch ist die Parkgebühr pro	Qual è la tariffa per
Stunde?	un'ora?
Tag?	un giorno?
Nacht?	una notte?
Ist das Parkhaus die ganze Nacht geöffnet?	Il parcheggio è aperto tutta la notte?

Eine Panne	Una panne
Ich habe eine Panne.	Sono in panne.
Würden Sie bitte den Pannendienst anrufen?	Potrebbe telefonare al soccorso stradale?
Meine Autonummer ist . . .	La mia mạcchina è targata . . .
Würden Sie mir bitte einen Mechaniker/einen Abschleppwagen schicken?	Mi potrebbe mandare un meccanico/un carro-attrezzi?
Könnten Sie mir mit Benzin aushelfen?	Mi potrebbe dare un po' di benzina, per favore?
Könnten Sie mir beim Reifenwechsel helfen?	Mi potrebbe aiutare a cambiare la ruota?
Würden Sie mich bis zur nächsten Werkstatt/Tankstelle abschleppen?	Mi potrebbe rimorchiare fino alla prossima officina/stazione di servịzio?

In der Werkstatt	All'officina
Wo ist hier in der Nähe eine Werkstatt?	Scusi signore/signora/signorina, c'è un'officina qui vicino?
Mein Wagen springt nicht an.	La mạcchina non parte.
Können Sie mit mir kommen/mich abschleppen?	Mi potrebbe accompagnare/rimorchiare, per favore?
Mit der Zündung/dem Motor stimmt was nicht.	L'accensione/Il motore non va bene.
Der Motor läuft heiß/zieht nicht.	Il motore si riscalda troppo/non tira.
Die Kupplung rutscht.	La frizione slitta.

Le autostrade in Italia

Die Bremsen funktionieren nicht.	I freni non sono a posto.
... ist defekt.	... è difettoso.
Die Batterie ist leer.	La batterịa è scạrica.
Aus dem Getriebe tropft Öl.	Il cạmbio perde ọlio.
Können Sie mal nachsehen?	Potrebbe guardare, per favore?
Wechseln Sie bitte die Zündkerzen aus.	Cambi le candele, per favore.
Was habe ich dafür zu bezahlen?	Quanto Le devo?
Haben Sie Ersatzteile für diesen Wagen?	Ha pezzi di ricạmbio per questa mạcchina?
Machen Sie bitte nur die nötigsten Reparaturen.	Faccia soltanto le riparazioni indispensạbili, per favore.
Wann ist der Wagen fertig?	Quando sarà pronta la mạcchina?
Was wird es kosten?	Quanto costerà?

Verkehrsunfall	**Un incidente stradale**
Es ist ein Unfall passiert.	C'è stato un incidente.
Rufen Sie bitte schnell einen Krankenwagen/die Polizei	Chiami sụbito un'autoambulanza/la polizịa.
Können Sie sich um die Verletzten kümmern?	Può occuparsi dei feriti?
Haben Sie Verbandszeug?	Ha materiale di pronto soccorso?
Es war meine/Ihre Schuld.	È stata colpa mia/Sua.

Sie haben die Vorfahrt nicht beachtet.	Lei non ha osservato la precedenza.
die Kurve geschnitten.	ha tagliato la curva.
die Fahrspur gewechselt, ohne zu blinken.	ha cambiato corsia senza mettere la freccia.
Sie sind zu schnell gefahren.	Lei andava troppo forte.
Sie sind bei Rot über die Kreuzung.	Lei è passato col rosso.
Ich gebe Ihnen meine Anschrift und Versicherungsnummer.	Le do il mio indirizzo e il numero della mia assicurazione.
Geben Sie mir bitte Ihren Namen und Ihre Anschrift/Ihre Versicherung an.	Mi dia il Suo nome e indirizzo/nome e indirizzo della Sua Assicurazione.
Können Sie für mich Zeuge sein?	Mi potrebbe fare da testimone?
Vielen Dank für Ihre Hilfe.	Grazie dell'aiuto.

Autovermietung — Autonoleggio

Ich möchte einen Wagen mieten.	Vorrei noleggiare una macchina.
Wie hoch ist die Tages-/Wochenpauschale?	Qual è la tariffa al giorno/alla settimana?
Wieviel verlangen Sie pro gefahrenen km?	Quanto si paga per ogni chilometro percorso?
Wieviel muß ich als Kaution hinterlegen?	Quanto si deve lasciare di cauzione?
• Darf ich Ihren Führerschein sehen?	Favorisca la patente.
Kann ich den Wagen gleich mitnehmen?	Posso prendere la macchina subito?

Verkehrszeichen

Parkverbot
rechts an Tagen
mit ungerader Datumszahl,
links mit gerader Datumszahl

Parkverbot
rechts an Tagen
mit gerader Datumszahl,
links mit ungerader Datumszahl

Bergpoststraße
(Haltepflicht, wenn ein Bus entgegenkommt)

Straßeneinmündung

rechts abbiegen verboten

Wenden verboten

Kreisverkehr

diese Schilder weisen auf die nächste Polizeistelle hin und geben jeweils Ort und Telefonnummer an.

Verkehr mit Schneeketten oder Winterreifen ab km

Hinweise und Informationen

attenzione	Achtung/Vorsicht
bambini	Schulkinder
cambio corsia	Fahrbahn wechseln
circonvallazione	Umgehungsstraße
confluenza	Straßeneinmündung
curva pericolosa	Gefährliche Kurve
dare la precedenza	Vorfahrt beachten
deviazione	Umleitung
discesa pericolosa	Starkes Gefälle
disco orario	Parkscheibe
divieto di inversione	Wenden verboten
divieto di sorpasso	Überholen verboten
divieto di sosta	Halten/Parken verboten
divieto di svolta a destra	Rechtsabbiegen verboten
dogana	Zoll
doppio senso di circolazione	Achtung Gegenverkehr
galleria	Tunnel
incrocio	Kreuzung
ingorgo	Verkehrsstau
lavori in corso	Straßenarbeiten
limitazione al peso	Gewichtsgrenze
limite di velocità	Geschwindigkeitsbegrenzung
mettersi in fila	Bitte einordnen
ospedale	Krankenhaus
parcheggio	Parkplatz
passaggio a livello incustodito	Unbeschrankter Bahnüberga
passaggio pedonale	Zebrastreifen
pericolo	Gefahr
pista ciclabile	Radweg
ponte	Brücke
principiante	Anfänger

rallentare	langsamer fahren
rotatoria	Kreisverkehr
scontro, collisione	Zusammenstoß
scuola	Schule
semaforo	Verkehrsampel
senso unico	Einbahnstraße
sottopassaggio pedonale	Fußgängerunterführung
strada sdrucciolevole	Rutschgefahr
strettoia	Fahrbahnverengung
tamponamento	Auffahrunfall
tenere la destra	rechts fahren
tenere libero l'accesso	Ausfahrt freihalten
uscita	Ausfahrt
vicolo cieco	Sackgasse
vietato al traffico	Gesperrt für alle Fahrzeuge
vietato l'accesso	keine Einfahrt
zona a disco orario	Kurzparkzone (Parkscheibe)
zona pedonale	Fußgängerzone

Wortliste Auto

abbiegen	svoltare
abblend/en	abbassare le luci
-licht	le luci anabbaglianti
Abschleppdienst	soccorso stradale
abschmieren	lubrificare
Achse	l'asse *m*
Hinter-	l'asse posteriore
Vorder-	l'asse anteriore
Anlasser	motorino d'avviamento
auskuppeln	disinnestare la frizione
Auspuff	scappamento, tubo di scạrico
Auto/bahn	autostrada
-fähre	autotraghetto
-karte	carta automobilịstica
-reifen	pneumạtico
Batterie	batteria
Benzin/kanister	lattina, tạnica
-pumpe	pompa di alimentazione
blenden	abbagliare
Blinker	frẹccia, l'indicatore *m* di direzione
Brems/e	freno
-en	frenare
-belag	la guarnizione dei freni
-flüssigkeit	olio per freni
-lichter	le luci di arresto
Dichtung	la guarnizione
Düse	ugello
Einspritzpumpe	pompa d'iniezione
Ersatz/rad	ruọta di scorta
-teile	i pezzi di ricạmbio
Fahr/gestell	telạio
-spur	corsịa
Fehl/er	difetto
-zündung	l'accensione *f* a vuoto
Fernlicht	i fari abbaglianti
Frostschutzmittel	antigelo
Führerschein	la patente
Fußbremse	freno a pedale

Gang	mạrcia
erster —	la prima
Leerlauf	la folle
Rückwärts-	mạrcia indiẹtro
Gas geben	accelerare
Gaspedal	l'acceleratore *m*
gebrochen	rotto
Getriebe	cạmbio
Handbremse	freno a mano
Hebel	leva
Hinterrad	ruọta posteriore
-antrieb	la trazione posteriore
Hupe	il clacson
Licht-	lampẹggio fari
Karosserie	carrozzerịa
Keilriemen	cịnghia
Kofferraum	bagagliạio
Kolben	il pistone
Kugellager	cuscinetto
Kühl/er	il radiatore
-wasser	l'acqua di raffreddamento
Kupplung	la frizione
Kurbelwelle	ạlbero di trasmissione
Kurzschluß	corto circụito
Lenkrad	il volante
Lichtmaschine	la dịnamo
Luftpumpe	pompa d'ạria
Motor	il motore
-haube	cọfano
Nummerschild	targa
Öl	ọlio
-meßstab	asta controllo livello ọlio
-stand	livello dell'ọlio
-wechsel	cạmbio dell'ọlio
Rad	ruọta
Reifen	pneumạtico
-druck	la pressione degli pneumatici
schlauchloser —	pneumạtico senza cạmera d'ạria

Reserverad	ruọta di scorta
Rück/licht	fanalino posteriore, catadiottro
-spiegel	specchiẹtto retrovisivo
Schalthebel	leva del cạmbio
Scheiben/waschanlage	impianto lavacristallo
-wischer	tergicristallo
Scheinwerfer	faro
Schiebedach	tetto aprịbile
schmieren	lubrificare
Schraube	la vite
-nmutter	la madrevite
-nschlüssel	la chiạve per viti
-nzieher	il cacciavite
Sicherheitsgurt	cintura di sicurezza
Standlicht	le luci di posizione
Steckschlüssel	la chiave fissa a tubo
Stoß/dämpfer	l'ammortizzatore *m*
-stange	il paraụrti
Tachometer	tachịmetro
Ventil	vạlvola
Vergaser	il carburatore
Verteiler	spinterọgeno
Vorderrad	ruọta anteriore
-antrieb	la trazione anteriore
Wagen/heber	il cric
-schlüssel	la chiạve della mạcchina
-wäsche	autolavạggio
Warndreieck	triạngolo
Windschutzscheibe	il parabrezza
Winterreifen	gli pneumạtici da neve
Zünd/kerze	candela
-schloß	il commutatore di accensione
-schlüssel	chiavetta di accensione
-ung	l'accensione *f*
Zylinder	cilindro
-kopf	testata del cilindro

3 Reisen mit Bahn, Flugzeug oder Schiff
Viaggi in treno, in ạereo o in nave

Im Reisebüro	All'agenzịa viaggi
Ich möchte einen Flug nach ... buchen.	Vorrei prenotare un volo per ...
Wie sind die Flugverbindungen nach ...?	Quando c'è un aereo per ...?
Sind noch Plätze frei?	Ci sono ancora posti lịberi?
Gibt es auch Charterflüge?	Ci sono anche dei voli Charter?
Was kostet der Flug Touristenklasse/erster Klasse?	Quanto costa il volo nella classe turịstica/in prima classe?
Wieviel Gepäck ist frei?	Quanto bagaglio si può portare?
Was kostet das Kilo Übergewicht?	Quanto si paga per ogni chilo di sovrappeso?
Ich möchte diesen Flug annullieren/umbuchen.	Vorrei annullare questo volo/prẹndere un altro volo.

Habe ich in ... Anschluß an die Fähre?

A ... c'è la coincidenza con il traghetto?

Ich möchte einen Liegewagenplatz/Schlafwagenplatz für den Zug um 20 Uhr nach ...

Vorrei prenotare una cuccetta/un posto in vagone letto sul treno delle 20 per ...

Gibt es einen Autoreisezug nach ...?

C'è un treno-traghetto per ...?

Was kostet das für ein Auto mit vier Personen?

Quanto si paga per una mạcchina con quattro persone?

Eisenbahn

La ferrovia

Auf dem Bahnhof

Alla stazione

Eine einfache Fahrt 2. Klasse/1. Klasse nach ... bitte.

Un biglietto di andata, seconda/prima classe per ...

Zweimal ... hin und zurück, bitte.

Due biglietti per ..., andata e ritorno, per favore.

Gibt es verbilligte Wochenendkarten/Ausflugskarten?

Ci sono biglietti a prezzo ridotto per il fine settimana/per escursioni?

Bitte eine Platzkarte für den Zug um ... Uhr nach ...	Vorrei prenotare un posto sul treno delle ... per ..., per favore.
Ein Fensterplatz?	Un posto vicino al finestrino?
Wie teuer ist eine Schlafwagenkarte/ Liegewagenkarte?	Quanto costa un posto vagone-letto/ una cuccetta?
Ich möchte diesen Koffer als Reisegepäck aufgeben.	Vorrei spedire questa valigia come bagaglio appresso.
Wollen Sie Ihr Gepäck versichern?	Vuole far assicurare il Suo bagaglio?
Was kostet das?	Quanto costa?
Geht das Gepäck mit dem ...-Uhr-Zug ab?	Il bagaglio parte col treno delle ...?
Wann kommt es in ... an?	Quando arriva a ...?
Hat der Zug von ... Verspätung?	È in ritardo il treno proveniente da ...?
Wann habe ich Anschluß nach ...?	A che ora c'è la coincidenza per ...?
Wo muß ich umsteigen?	Dove devo cambiare?
Von welchem Gleis fährt der Zug nach ... ab?	Da quale binạrio parte il treno per ...?
Der Zug aus ... fährt auf Gleis 1 ein.	Il treno proveniente da ... è in arrivo sul binạrio 1.
Der Zug aus ... hat 10 Minuten Verspätung.	Il treno proveniente da ... ha 10 minuti di ritardo.
Gleis 3, bitte einsteigen, der Zug nach ... fährt ab. Wir wünschen gute Reise.	Il treno per ... è in partenza sul binạrio 3. Auguriamo buon viaggio.

Hinweise und Informationen

Ai binari	Zu den Bahnsteigen
Arrivi	Ankunft
Capo stazione	Stationsvorsteher
Deposito bagagli	Gepäckaufbewahrung
Deposito a cassette	Schließfächer
Gabinetti	Toiletten
Informazioni	Auskunft
Orario	Fahrplan
Partenze	Abfahrt
Posto di pronto soccorso	Sanitätsstelle
Rinfreschi	Erfrischungen
Sala d'aspetto	Wartesaal
Signore	Damen
Signori	Herren
Sottopassaggio	Unterführung
Sportello biglietti	Fahrkartenschalter
Uscita	Ausgang

Hinweise

Acqua non potabile	kein Trinkwasser
Cuccetta	Liegewagen
Freno d'emergenza	Notbremse
Fumatori	Raucher
Non Fumatori	Nichtraucher
Libero	Frei
Occupato	Besetzt
Ritirata	Toilette
Vagone-letto	Schlafwagen
Vagone-ristorante	Speisewagen

Fundbüro	Ufficio oggetti smarriti
Wo ist das Fundbüro, bitte?	Per favore, dov'è l'ufficio oggetti smarriti?
Ich habe ... verloren.	Ho perso ...
Ich habe meine Handschuhe im Zug vergessen.	Ho lasciato i miei guanti sul treno.
Hier ist meine Hotelanschrift.	Ecco l'indirizzo del mio albergo.

Im Zug	In treno
Verzeihung, ist dieser Platz frei?	Scusi, è lịbero questo posto?
Können Sie mir bitte helfen?	Mi potrebbe aiutare, per favore?
Darf ich das Fenster öffnen/schließen?	Posso aprire/chiụdere il finestrino, per favore?
Entschuldigen Sie, bitte. Dies ist ein Nichtraucherabteil.	Scusi, ma questo è uno scompartimento „non-fumatori".
Entschuldigen Sie, das ist mein Platz. Ich habe eine Platzkarte.	Scusi, ma questo è il mio posto! È prenotato.
Die Fahrkarten, bitte.	I biglietti, prego.
Hält dieser Zug in ...?	Questo treno si ferma a ...?
Wann kommen wir in ... an?	Quando si arriva a ...?
Wo sind wir jetzt?	Dove siamo adesso?
Wie lange haben wir hier Aufenthalt?	Quanto tempo sta fermo qui il treno?
Kommen wir pünktlich an?	Si arriva in orario?

Flugzeug — L'Aereo

Am Flughafen — All'aeroporto

Wo ist der Schalter der Alitalia?	Dov'è lo sportello dell'Alitalia?
Wo ist der Informationsschalter/Warteraum?	Dov'è lo sportello informazioni/la sala d'aspetto?
Hat die Maschine nach ... Verspätung?	L'aereo per ... è in ritardo?
Wieviel Verspätung hat sie?	Quanto ritardo ha?
Ist die Maschine aus ... schon gelandet?	È già atterrato l'aẹreo da ...?
• Letzter Aufruf. Die Passagiere nach ..., Flug-Nr. ... werden gebeten, sich zum Ausgang ... zu begeben.	Ụltimo avviso: I signori passeggeri per ..., volo nụmero ..., sono pregati di recarsi all'uscita ...

An Bord — A bordo

• Bitte das Rauchen einstellen! Anschnallen, bitte!	Si prega di allacciare le cinture di sicurezza e di non fumare.
Wie hoch fliegen wir?	A che altezza siamo?
• Wir fliegen auf einer durchschnittlichen Flughöhe von 8000 Metern.	Voliamo ad un'altezza mẹdia di ottomila metri.

Was für ein Fluß See Gebirge ist das?	Che fiume lago monte è questo?
Wo sind wir jetzt?	Dove siamo adesso?
Wann landen wir in . . .?	Quando atterriamo a . . .?
Wie ist das Wetter in . . .?	Che tempo fa a . . .?
Wir landen in etwa . . . Minuten.	Atterriamo fra circa . . . minuti.

Ankunft	**Arrivo**
Ich finde mein Gepäck/meinen Koffer nicht.	Non trovo il mio bagaglio/la mia valigia.
Mein Gepäck ist verloren gegangen.	Il mio bagaglio è andato perduto.
Mein Koffer ist beschädigt worden.	La mia valigia ha subito danni.
An wen kann ich mich wenden?	A chi mi posso rivolgere?
Von wo fährt der Bus zum Air Terminal ab?	Da dove parte l'autobus per l'Air Terminal?

Schiff | La nave

Auskunft | Informazioni

Welche ist die beste Schiffsverbindung nach ...?	Che nave devo prẹndere per andare a ...?
Wo/Wann fährt ...	Da dove/Quando parte
das nächste Schiff	la prossima nave
die nächste Fähre	il prossimo traghetto
das nächste Motorboot	il prossimo motoscafo
der nächste Dampfer	il prossimo vapore
nach ...?	per ...?
Wie lange dauert die Überfahrt?	Quanto dura la traversata?
Welche Häfen werden angelaufen?	Quali porti si tọccano?
Wann legen wir in ... an?	Quando si fa scalo a ...?
Wie lange haben wir Aufenthalt in .. ?	Quanto ci fermiamo a ...?

Ich möchte eine Schiffskarte nach …	Vorrei un biglietto per …
1. Klasse	di prima classe
Touristenklasse	di classe turistica
eine Einzelkabine	una cabina singola
eine Zweibettkabine	una cabina doppia
Ich möchte eine Karte für die Rundfahrt um … Uhr.	Vorrei un biglietto per il giro delle …

An Bord	**A bordo**
Bitte, ich suche Kabine Nr. …	Scusi, cerco la cabina numero …
Kann ich eine andere Kabine haben?	Potrei avere un'altra cabina?
Wo ist mein Koffer/ mein Gepäck?	Dov'è la mia valigia/ il mio bagaglio?
Wo ist der Speisesaal/ der Aufenthaltsraum?	Dov'è la sala da pranzo/ il salone?
Wann wird gegessen?	A che ora si mangia?
Steward, bringen Sie mir bitte …	Cameriere mi porti … per favore.
Ich fühle mich nicht wohl.	Non mi sento bene.
Rufen Sie bitte den Schiffsarzt!	Mi chiami il medico, per favore.
Geben Sie mir bitte ein Mittel gegen Seekrankheit.	Mi dia qualcosa contro il mal di mare, per favore.

Wortliste Reisen

Abflug	decollo
Abteil	scompartimento
Anflug	arrivo, atterrạggio
Anhänger (am Koffer)	cartellino
Anker	ạncora
anlegen in	far scalo a
Anlegeplatz	approdo
Anschluß	coincidenza
Anschnallgurt	cintura di sicurezza
auslaufen	uscire dal porto, salpare
ausschiffen	sbarcare
aussteigen	scẹndere
Auto/fähre	auto-traghetto
-reisezug	treno traghetto, treno più auto
Backbord	babordo
Bahnhof	la stazione
Besatzung	equipạggio
Bettkarte	biglietto per il vagone letto
Boje	boa
Bordfest	festa a bordo
Buchung	la prenotazione
Bug	prua
Chartermaschine	charter
Deck	coperta
Düsenmaschine	il jet
D-Zug	direttissimo
Eilzug	diretto
Eisenbahn	ferrovịa
Fahr/plan	orạrio
-preis	prezzo del biglietto
-werk	carrello
Flug	volo
-gast	passeggero
-gesellschaft	compagnịa aẹrea
-hafen	aeroporto
-hafengebühr	i diritti aeroportuali
-plan	orạrio (di volo)
-strecke	tratto (di volo)
-zeug	aẹreo

Rück/fahrkarte	bigliẹtto di andata e ritorno
-flug	volo di ritorno
Gepäck	bagạglio
-aufbewahrung	depọsịto bagagli
-schein	lo scontrino
-schließfach	depọsito (bagagli) a cassette
-träger	il portabagagli
-wagen	carrello porta-bagagli
Handgepäck	bagạglio a mano
Heck	poppa
Hubschrauber	elicọttero
Jacht	pạnfilo
Kabine	cabina
Kai	banchina
Kajüte	cabina
Kapitän	capitano
Kinderfahrkarte(n)	biglietto per ragazzi
Knoten	nodo
Kreuzfahrt	crociẹra
Kurs/buch	orạrio ferroviạrio
-wagen	vettura diretta
Landesteg	il pontile d'approdo
Leuchtturm	faro
Liegewagen	cuccetta
Linienmaschine	aẹreo di lịnea
Lokomotive	locomotiva
Luftkissenboot	hovercraft
Mannschaft	equipạggio
Matrose	marinạio
Not/ausgang	uscita d'emergenza
-landung	atterrạggio di fortuna
-rutsche	scịvolo d'emergenza
Personenzug	accelerato, il locale
Pilot	il pilota
Platzkarte	posto riservato
Reise/tasche	borsa da viạggio
-ziel	meta del viạggio
Rettungs/boot	scialuppa di salvatạggio
-ring	il salvagente
Rollfeld	pista

Rundreisefahrschein	biglietto circolare
Sammelfahrschein	biglietto collettivo
Schaffner	il controllore
Schiffsarzt	medico di bordo
Schlafwagenkarte	biglietto per il vagone letto
Schnellzug	direttissimo
Schwimmweste	giubbetto di salvataggio
seekrank sein	avere il mal di mare
Steuerbord	tribordo
Übergepäck	eccesso di bagaglio
Überseedampfer	transatlantico
Wartesaal	sala d'aspetto
Waschraum	stanzino da bagno
zollfreier Laden	spaccio porto-franco
Zuschlag	supplemento
Zwischenlandung	scalo

Lecce-Bari-Ancona-Rimini-Bologna

08	8502	5560	8430	5562	8432	8438	2502	2510	2504	6236	1502	8434	9830	5564	9802	5568	6238	860	9804
r.	Loc.	Loc.	Loc.	Loc.	Loc.	Loc.	Dir.	Dir.	Dir.	Loc.	Dir.	Loc.	Loc.	Loc.	Loc.	Loc.	Loc.	Rap.	Loc.
	1.2	1.2	1.2	1.2	1.2	1.2	1.2	1.2	1.2	1.2	1.2	1.2	1.2	2cl	1.2	2cl	1.2	1.2	1.2
	445 456 502 509 517 527 539 551 .. 605 611 616 621 626 641 651 657 706 714 725	⚒ 545 552 556 601 608 616 626 635 — 4832 Dir. 1.2 da Ravenna col 4905	Sospeso il 23, 24, 25 e 26-XII-79 e 1-I-80 445 515 532 552 616 757 808	540 606 621 639 658	⚒ 600 630 646 706 730 — 5700 Loc. 2cl 652	550 631 653 702 732 750 810 832	per Milano 630 639 645 651 659 709 721 732 852	725 735 748 803 818 925	✕ per Milano 230 250 337 438 446 558 520 551 615 640 655 718 737 748 759 813 831 843 951 1007	458 517 Prosegue per Poggio Imperiale arr. 535 Sospeso il 25, 26-XII-79 e 1-I-80	707 738 ... 759 818 830 ... 901	551 708 715 729 740 — 5604 Loc 1.2 812 ... 846 da Fabriano	per Peschici 535 558 — 8504 Loc. 1.2 ⚒ Da Pesaro a Rimini 933 1043 1053 1101	da Lanciano 612 621 636 646 Sospeso il 23, 24, 25, 26-XII-79 e l'1-I-80	.... 330 356 405 413 435 508 540 — 5712 ⚒ 1.2 827 851 906 ... 937	da Lanciano 725 731 744 754 Sospeso il 23, 24, 25, 26-XII-79 e 1-I-80	552 615 724 737 843 853 903	.... 510 525 536 545 623 per Roma — 4894 Loc. 2cl avenna	.... 518 545 554 602 617 65 72 — 502 Expr. 1.2 ▲ 1010 1039 105 1105 1115 1127 1135 1143 1146 120

Spiegazione dei segni convenzionali ed abbreviazioni

TEE	Trans Europ Express	⚒	Treno che si effettua nei giorni lavorativi
R	Treno Rapido		Treno che si effettua nei giorni lavorativi escluso il sabato
EXP	Treno Espresso	+	Treno che si effettua nei giorni festivi
D	Treno Diretto	R	Treno con prenotazione obbligatoria
Loc.	Treno Locale	✕	Treno con carrozza ristorante
1cl	Servizio di 1a classe		Treno con servizio di pasto su vassoio
2cl	Servizio di 2a classe		Treno con carrozza self-service
1.2	Servizio di 1a e 2a classe		Treno con servizio di ristoro
	Carrozza letti		Servizio automobilistico
	Carrozza cuccette		

4 An der Grenze – Zoll
Al confine – Dogana

Paßkontrolle	Controllo passaporti
• Ihren Paß, bitte!	Il Suo passaporto, per favore!
• Ihr Paß ist abgelaufen.	Il Suo passaporto è scaduto.

Zollkontrolle	Dogana
• Haben Sie etwas zu verzollen?	Ha niente da dichiarare?
Nein, ich habe nur ein paar Geschenke.	No, ho soltanto alcuni regali.
• Fahren Sie bitte rechts/links heran.	Si metta lì a destra/a sinistra.
• Öffnen Sie bitte den Kofferraum/diesen Koffer.	Apra, per favore, il bagagliaio/questa valigia.
Muß ich das verzollen?	Devo sdoganare questo?
Wieviel Zoll muß ich bezahlen?	Quanto devo pagare di dazio?

Wortliste Zoll

Beruf	professione
Bestimmungen	le disposiziọni
Cholera	il colẹra
Familien/name	il cognome
-stand	stato di famịglia
ledig	(Mann) cẹlibe; (Frau) nụbile
verheiratet	sposato
verwitwet	(Mann) vẹdovo; (Frau) vẹdova
Führerschein	la patente di guịda
Geburts/datum	data di nạscita
-name	il nome da ragazza
-ort	luogo di nạscita
Gelbfieber	la febbre giạlla
Grenzübergang	frontiẹra, il confine
gültig	vạlido
internationaler Impfpaß	certificato internazionale di vaccinazione
Nationalitätskennzeichen	targa di nazionalità
Nummernschild	targa
Paßkontrolle	controllo passaporti
Personalausweis	carta d'identità
Pocken	vaiọlo
Staatsangehörigkeit	nazionalità
Typhus	tifo
Versicherungskarte	carta verde
Visum	visto
Vorname	il nome
Wohnort	domicịlio
Zoll	dogana
-amt	ufficio doganale
-beamter	il doganiere
-frei	esente da dạzio
-gebühren	le tariffe doganali
-kontrolle	controllo doganale
-pflichtig	soggetto a dạzio

5 Bank – Geldwechsel
Banca – Cambio

Wo ist die nächste Bank?	Dov'è la banca più vicina?
Gibt es hier ein Wechselbüro?	C'è un ufficio di cạmbio qui?
Wann öffnet/schließt die Bank?	Quando apre/chiude la banca?
Ich möchte DM (Schilling, Schweizer Franken) in Lire umwechseln.	Vorrei cambiare questi marchi (scellini, franchi svịzzeri) in Lire.
Wie ist heute der Wechselkurs?	Quant'è oggi il cạmbio?
Wieviel Lire bekomme ich für 100 DM?	Quante lire mi dà per cento marchi?
Ich möchte diesen Reisescheck/Euroscheck einlösen.	Vorrei riscuọtere questo travellers-cheque/eurocheque.

LIRE CENTOMILA 100 000
PAGABILI A VISTA AL PORTATORE
BANCA D'ITALIA
LIRE CINQUANTAMILA 50000
PAGABILI A VISTA AL PORTATORE
BANCA D'ITALIA
BANCA D'ITALIA
20000
LIRE
VENTIMILA
PAGABILI A VISTA AL PORTATORE
SA 406085 B
SA 406085 B
LIRE DIECIMILA 10000
PAGABILI A VISTA AL PORTATORE
BANCA D'ITALIA

LIRE CINQUEMILA
5000
LA 392698 G
BANCA D'ITALIA
LIRE
DUEMILA
VC 280147 Y
BANCA D'ITALIA
LIRE
MILLE
PAGABILI A VISTA AL PORTATORE
REPVBBLICA ITALIANA
CINQUECENTO
500

• Darf ich bitte Ihren Pass sehen?	Posso vedere il Suo passaporto?
• Würden Sie bitte hier unterschreiben?	Firmi qui, per favore.
Ist Geld für mich überwiesen worden?	Sono arrivati soldi per me?
• Gehen Sie bitte zur Kasse.	Vada alla cassa, per favore.
• Wie wollen Sie das Geld haben?	Come vuole il denaro?
Bitte nur Scheine.	In banconote.
Auch etwas Kleingeld.	Anche banconote di pịccolo tạglio e spịccioli.

Wortliste Bank

abheben	ritirare
auszahlen	pagare
Bank/angestellter	impiegato di banca
-konto	conto bancario
Bargeld	i contanti

Betrag	importo
Devisen	le divise ẹstere
einzahlen	versare
Euroscheck	eurocheque
Formular	mọdulo
Geld	denaro
Kleingeld	gli spịccioli, moneta
-schein	banconota
-wechsel	cạmbio
D-Mark	marco tedesco
Schilling	scellino austrịaco
Schweizer Franken	franco svịzzero
Kasse	cassa
Konto	conto
Kreditbrief	lẹttera di crẹdito
Kurs	cạmbio
Münze	moneta
Provision	la provvigione
Quittung	ricevuta
Reisescheck	assegno turịstico
Schalter	sportello
Scheck	assegno
einen — ausstellen	rilasciạre un assegno
einen — einlösen	riscuọtere un assegno
-buch	libretto degli assegni
-karte	carta-assegno
Sparbuch	libretto di rispạrmio
Sparkasse	cassa di rispạrmio
telegrafisch	telegrạfico
Überweisung	rimessa, trasferimento
umwechseln	cambiạre
unterschreiben	firmare
Unterschrift	firma
Währung	valuta
Wechselkurs	cạmbio
zahlen	pagare
Zahlung	pagamento

6 Unterkunft L'Alloggio

Auskunft	Informazioni
Können Sie mir bitte ... empfehlen?	Scusi signora/signorina/signore, potrebbe consigliarmi
ein gutes Hotel	un buon albergo?
ein einfaches Hotel	un albergo non troppo caro?
eine Pension	una pensione?
ein Privatzimmer	una camera privata?
Ist es zentral gelegen?	Si trova in centro?
Ist es ruhig gelegen?	È un posto tranquillo?
Was wird eine Übernachtung etwa kosten?	Quanto costerà all'incirca il pernottamento?
Ist es weit von hier?	È lontano da qui?
Wie komme ich am besten hin?	Qual è il modo migliore per arrivarci?
Gibt es hier eine Jugendherberge/einen Campingplatz?	C'è un ostello della gioventù/un camping qui?

An der Rezeption	**Alla ‚Reception'**
Haben Sie noch Zimmer frei?	Ha cạmere lịbere?
• Nein, wir sind leider ganz belegt.	No, purtroppo è tutto esaurito.
Würden Sie bitte ein anderes Hotel anrufen und fragen, ob dort noch etwas frei ist?	Potrebbe, per favore, telefonare a un altro albergo per chiẹdere se hanno ancora una cạmera lịbera?
• Ja, was für ein Zimmer wünschen Sie?	Sì, che tipo di cạmera desịdera?
ein Einzelzimmer	una sịngola
ein Zweibettzimmer	una dọppia
ein ruhiges Zimmer	una cạmera tranquilla
mit Dusche	con doccia
mit Bad	con bagno/coi servizi
mit Blick aufs Meer	con vista sul mare
straßenseitig gelegen	che dà sulla strada
hofseitig gelegen	che dà sul cortile
Kann ich das Zimmer ansehen?	Posso vedere la cạmera?
Dieses Zimmer gefällt mir nicht. Zeigen Sie mir ein anderes.	Questa cạmera non mi piace. Me ne mostri, per favore, un'altra.
Dieses Zimmer ist sehr hübsch. Ich nehme es.	Questa cạmera mi piace molto. La prendo.
Was kostet das Zimmer mit	Quanto costa la cạmera
Frühstück?	con la prima colazione?
Halbpension?	a mezza pensione?
Vollpension?	a pensione completa?
Ist alles inklusive?	È tutto compreso?
Gibt es eine Ermäßigung für Kinder?	C'è una riduzione per bambini?
• Wollen Sie bitte den Anmeldeschein ausfüllen?	Vuole riempire, per favore, il mọdulo d'accettazione?

Affittansi camere	Zimmer frei
Non disturbare	Bitte nicht stören
Completo	Belegt
Sala da pranzo	Speisesaal

● Darf ich Ihren Reisepaß/Personalausweis sehen?	Il Suo passaporto/La Sua carta d'identità, per favore.
Bitte lassen Sie das Gepäck auf mein Zimmer bringen.	Faccia portare il mio bagạglio in cạmera, per piacere.
Wo kann ich den Wagen abstellen?	Dove posso lasciare la mia mạcchina?
● In unserer Garage/auf unserem Parkplatz.	Nel nostro garage/parcheggio.

Gespräche mit dem Hotelpersonal / Col personale di servizio

Wo ist	Dov'è
der Speisesaal?	la sala da pranzo?
der Aufzug?	l'ascensore?
das Bad?	il bagno?
Schicken Sie mir bitte das Frühstück um ... Uhr aufs Zimmer.	Mi faccia portare, per favore, la colazione in cạmera alle ...
Zum Frühstück nehme ich	A colazione prendo
Tee mit Milch/Zitrone	tè al latte/al limone

Kaffee mit Milch	caffellatte
Schokolade	cioccolata
einen Fruchtsaft	una spremuta
ein weiches Ei/zwei Rühreier	un uovo à la coque/ due uova strapazzate
Brot/Brötchen	pane/panini
Butter	burro
Käse	formaggio
Schinken	prosciutto
Honig	miele
Marmelade	marmellata
Hat das Hotel ein Schwimmbad/einen eigenen Strand?	L'albergo ha una piscina/ una spiaggia riservata?
Wecken Sie mich bitte morgen früh um ... Uhr.	Mi svegli domattina alle ..., per favore.
Würden Sie mir bitte ... bringen?	Potrebbe portarmi, per favore,
noch ein Handtuch	un altro asciugamano?
ein Stück Seife	un pezzo di sapone?
einige Kleiderbügel	delle grucce per i panni?
eine Wolldecke	una coperta di lana?
ein Kissen	un cuscino?
Bitte meinen Schlüssel.	Per favore, la mia chiave.
Hat jemand nach mir gefragt?	Mi ha cercato qualcuno?
Ist Post für mich da?	C'è posta per me?
Haben Sie Ansichtskarten/Briefmarken?	Avete cartoline/francobolli?
Wo kann ich diesen Brief einwerfen?	Dove posso imbucare questa lẹttera?
Wo kann ich telefonieren?	Dove posso telefonare?
Ich möchte dieses Telegramm aufgeben.	Vorrei spedire questo telegramma.
Kann ich meine Sachen hierlassen, bis ich wiederkomme?	Posso lasciare qui le mie cose fino al mio ritorno?

Beanstandungen	Reclami
Das Zimmer ist nicht gereinigt worden.	La cạmera non è pulita.
Die Dusche Die Spülung Die Heizung Das Licht Das Radio Der Fernseher funktioniert nicht.	La dọccia Lo sciacquone Il riscaldamento La luce La radio Il televisore non funziona.
Der Wasserhahn tropft.	Il rubinetto gọcciola.
Es kommt kein (warmes) Wasser.	Non c'è acqua (calda).
Die Toilette/das Waschbecken ist verstopft.	Il gabinetto/il lavandino è intasato.
Das Fenster schließt nicht/geht nicht auf.	La finestra non si chiude/non si apre.
Der Schlüssel paßt nicht.	La chiave non corrisponde.

Abreise	Partenza
Ich reise heute abend/morgen um ... Uhr ab.	Parto stasera/domani alle ...
Bis wann muß ich das Zimmer räumen?	Per quando devo liberare la stanza?
Machen Sie bitte die Rechnung fertig.	Mi prepari il conto, per favore.
Getrennte Rechnungen, bitte.	Conti separati, per favore.
Die Rechnung stimmt nicht.	Il conto non è esatto.
Nehmen Sie deutsches Geld/Euroschecks?	Accetta denaro tedesco/eurocheques?

Bitte senden Sie meine Post an diese Adresse nach.	Per favore, rispedisca a questo indirizzo la posta che arriverà.
Lassen Sie bitte mein Gepäck herunterbringen.	Mi faccia portare il bagaglio giù, per favore.
Lassen Sie bitte mein Gepäck zum Bahnhof/ zum Air Terminal bringen.	Mi faccia portare il bagaglio alla stazione/all'Air Terminal, per favore.
Rufen Sie mir bitte ein Taxi.	Mi chiami un tassì, per favore.
Ich reise mit dem Zug um ... Uhr nach ...	Parto col treno delle ... per ...
Vielen Dank für alles. Auf Wiedersehen.	Grazie di tutto. Arrivederci.

Camping — Campeggio

Gibt es in der Nähe einen Campingplatz?	C'è un camping nelle vicinanze?
Wie kommt man hin?	Come ci si arriva?
Könnten Sie mir bitte den Weg auf der Karte zeigen?	Può mostrarmi la via sulla carta?
Haben Sie noch Platz für einen Wohnwagen/ ein Zelt?	C'è ancora posto per una roulotte/ una tenda?
Wie hoch ist die Gebühr pro Tag und Person?	Quanto si paga al giorno a persona?
Wie hoch ist die Gebühr für	Quanto si paga per
das Auto?	l'auto?
den Wohnwagen?	la roulotte?
das Zelt?	la tenda?

Vermieten Sie Ferienhäuser/Wohnwagen?	Si possono affittare bungalows/roulottes?
Wo kann ich meinen Wohnwagen aufstellen/mein Zelt aufschlagen?	Dove posso parcheggiare la mia roulotte/piantare la mia tenda?
Wir bleiben ... Tage/Wochen.	Rimaniamo ... giorni/settimane.
Gibt es hier ein Lebensmittelgeschäft?	C'è un negozio di alimentari?
Wo sind die Toiletten? Waschräume? Duschen? Abfallbehälter?	Dove sono i servizi igienici? i lavandini? le docce? i bidoni della spazzatura?
Gibt es hier Stromanschluß?	C'è una presa di corrente?
Wo kann ich Gasflaschen umtauschen/ausleihen?	Dove posso cambiare/affittare le bombole di gas?
Ist der Campingplatz bei Nacht bewacht?	Il campeggio è sorvegliato la notte?
Gibt es hier einen Kinderspielplatz?	C'è un campo da gioco per i bambini?
Können Sie mir bitte ... leihen?	Per favore, potrebbe prestarmi ...?

Wortliste Unterkunft

Anmeldung	l'accettazione *f*
Apartment	appartamento
Aschenbecher	il portacẹnere
Aufzug	l'ascensore *m*
Badezimmer	bagno
Balkon	il balcone
Bett	letto
-decke	coperta
-laken	lenzuọlo
Kinderbett	lettino (per bambịni)
Kopfkissen	cuscino
Camping/ausweis	tẹssera di campeggio
-führer	guịda dei camping
Dusche	dọccia
Eimer	sẹcchio
Etage	piạno
Fenster	finestra
Gas/flasche	bọmbola di gas
-kocher	fornello a gas
Halbpension	la mezzapensione
Handtuch	asciugamano
Hausschlüssel	la chiave di casa
Heizung	riscaldamento
Kanister	tạnica, latta
Kategorie	categoria
Kinderspielplatz	campo da gioco per bambini
Kleiderbügel	grụccia (per i panni)
Klimaanlage	aria condizionata
Kocher	fornello
Kost und Logis	vitto e allọggio
Kühl/schrank	frigorịfero
-tasche	borsa frigo
Lampe	lạmpada
Lebensmittelgeschäft	negọzio di alimentari
Leihgebühr	tariffa di nolẹggio
Lichtschalter	l'interruttore *m*
Luftmatratze	materasso pneumạtico

Miete	affitto, nolẹggio
Mitgliedskarte	tẹssera di socio
Nachttisch	comodino
-lampe	lạmpada del comodino
Propangas	propano
Schlafsack	sacco a pelo
Schlüssel	la chiave
Schrank	armạdio
Sessel	poltrona
Spiegel	spẹcchio
Spirituskocher	fornello a spịrito
Steckdose	presa
Stecker	spina
Strom	la corrente
Strom/anschluß	presa di corrente
-spannung	voltạggio
Terrasse	terrazza
Toilette	gabinetto
Toilettenpapier	carta igiẹnica
Trinkwasser	acqua potạbile
Übernachtung	pernottamento
Verlängerungs/schnur	cavo di prolungamento
-woche	settimana supplementare
vermieten	affittare, noleggiare
Vollpension	pensione completa
Vorhang	tenda
Wasch/becken	lavandino
-raum	stanzino da bagno
Wasser	acqua
-glas	il bicchiẹre
-hahn	rubinetto
kaltes —	acqua fredda
warmes —	acqua calda
Wohn/ung	appartamento
-wagen	la roulotte
Zelt	tenda
zelten	campeggiare
Zentralheizung	riscaldamento centrale
Zimmer	cạmera
Zwischenstecker	spina intermẹdia

7 Essen und Trinken
Mangiare e bere

Im Restaurant	**Al ristorante**
Wo gibt es hier ein gutes Restaurant? einen Schnellimbiß? eine einfache Gaststätte? ein typisches Restaurant?	Scusi, mi potrebbe indicare un buon ristorante? una tạvola calda/rosticcerịa? una trattorịa? un locale tịpico?
Wo kann man hier gut essen?	Scusi, per mangiare bene, dove si va?
Ist dieser Tisch/Platz noch frei?	È libero questo tavolo/questo posto?
Einen Tisch für 2/3 Personen, bitte.	Per favore, un tavolo per due/tre persone.
Reservieren Sie uns bitte für heute abend einen Tisch für 4 Personen.	Può riservarci per stasera un tavolo per quattro persone?

Bestellung	Ordinazione
Herr Ober, die Speisekarte, Getränkekarte, Weinkarte, bitte!	Cameriere, il menù, la lista delle bevande, la lista dei vini, per favore.
Was können Sie mir empfehlen?	Che cosa mi consiglia?
Geben Sie auch halbe Portionen für Kinder?	Si può avere la mezza porzione per i bambini?
Ich nehme ...	Prendo ...
Bitte bringen Sie uns ...	Ci porti, per favore ...
Dauert es lange? Wir haben es eilig.	Bisogna aspettare molto? Abbiamo piuttosto fretta.
Wie möchten Sie Ihr Steak haben? gut durch halbdurch englisch	Come la vuole la carne? ben cotta non troppo cotta all' inglese/al sangue
Als Vorspeise nehme ich ...	Come antipasto prendo ...
Als Suppe/Nudelgericht nehme ich ...	Come primo prendo ...
Als Hauptspeise nehme ich ...	Come secondo prendo ...
Als Beilage nehme ich ...	Come contorno prendo ...
Was wollen Sie trinken?	Che cosa desidera da bere?
Bitte ein Glas/eine Flasche ...	Per favore, un bicchiere/una bottiglia di ...

Beanstandungen	Reclami
Hier fehlt ... ein Messer. eine Gabel. ein Löffel.	Manca ... un coltello. una forchetta. un cucchiaio.

ein Teller. ein Glas.	un piatto. un bicchiere.
Das habe ich nicht bestellt.	Non ho ordinato questo.
Das Essen ist kalt/ versalzen.	Il mangiare è freddo/troppo salato.
Das Fleisch ist zäh/ zu fett.	La carne è dura/troppo grassa.
Der Fisch ist nicht frisch.	Il pesce non è fresco.
Nehmen Sie es bitte zurück.	Lo porti indịetro, per favore.

Die Rechnung	**Il conto**
Bezahlen, bitte.	Il conto, per favore.
Bitte alles zusammen/ getrennte Rechnung.	Tutto insịeme/conti separati.
Ist die Bedienung inklusive?	Il servịzio è compreso?
Die Rechnung scheint mir nicht zu stimmen.	Il conto non mi pare esatto.
Das habe ich nicht gehabt. Ich hatte …	Non ho mangiato questo. Ho mangiato …
Das Essen war ausgezeichnet.	Era ottimo./Mi è piaciuto molto.
Das ist für Sie.	Questo è per Lei.

Auf den Speisekarten sehen Sie meist einen Preis für das *coperto* (Gedeck) angegeben. Dieser Betrag ist immer zu bezahlen, und zwar unabhängig vom Umfang Ihrer Bestellung. Dafür wird für die Brötchen und *grissini*, die bei jeder italienischen Mahlzeit auf dem Tisch stehen, nichts verrechnet.

Nell'anno m Enrico V si recava a Roma. Fra i nobili del suo seguito era Giovanni Defuk, preceduto dal servo Martino provetto assaggiatore di vini incaricato di scrivere la parola EST dove lo trovava buono. A Montefiascone Martino scrisse non uno ma tre EST. Il padrone sopraggiunto ne bevette tanto che morì e così sodisfatto da disporre affinchè in ogni anniversario della sua morte un barile di quel vino venisse versato sulla sua tomba su cui Martino scrisse:

Il mio padrone Giovanni Defuk

EST EST EST

Ristorante "DANTE"

Via Nazionale, 2 - Tel. (0761) 86015

01027 MONTEFIASCONE (VT)

Pane e coperto	L.	600
Vino	L.	400
Acqua minerale	L.	
Antipasto	L.	
[illegible]		2200
[illegible]		6000
[illegible]		1200
[illegible]		450
	L.	300
TOTALE	L.	11750

stampati graffietti tel. 8

Wortliste Essen

Abendessen	cena
anmachen (Salat)	condire
Aschenbecher	il portacẹnere
bedienen, sich	servirsi
Besteck	le posate
Brot	il pane
Brotkorb	cestino del pane
Dosenöffner	l'apriscạtole *m*
durchgebraten	ben cotto
Eierbecher	il portauọva
entkorken	stappare
Essig	aceto
Essig- und Ölständer	ampolliẹra
fett	grasso
Flaschenöffner	l'apribottiglie *m*
frisch	fresco
Frühstück	prima colazione
Füllung	il ripiẹno
Gabel	forchetta
Gang	piatto
gar	cotto
gebacken	fritto
gebraten	arrostito
am Spieß	allo spiedo
vom Grill	alla griglia
in der Pfanne	al tegame
gedünstet	cotto al vapore, stufato
gefüllt	ripiẹno
gekocht	bollito, cotto
geräuchert	affumicato
geröstet	tostato
Geschmack	il sapore
Gewürz	le spẹzie
Gräte	spina, lisca
Gurke	cetriọlo
hungrig sein	aver fame
Kaffeekanne	caffettiẹra
Kapern	i cạpperi
Karaffe	caraffa

Knoblauch	ạglio
Knochen	osso
kochen	cuọcere, (Wasser) bollire
Korkenzieher	l'apribottịglie *m*
Krug	brocca
Löffel	cucchiạio
Teelöffel	cucchiaịno
Lorbeer	alloro
mager	magro
Mayonnaise	la maionese
Messer	coltello
Mittagessen	pranzo, il desinare
Muskatnuß	noce moscata
Nelken	i chiọdi di garọfani
Ober	il camerịere
Öl	ọlio
Oliven	le olive
Petersilie	prezzẹmolo
Pfeffer	il pepe
Pilze	i funghi
Portion	la porzione
roh	crudo
Rost	grịglia, gratịcola
saftig	succoso
Salz	il sale
sauer	agro
scharf	piccante
Scheibe	fetta
schmackhaft	saporito
Schonkost	dịeta
Schüssel	terrina, insalatiẹra
Senf	la sẹnape
Serviette	tovagliọlo
Soße	salsa
Speise	piạtto, portata
Suppenteller	piạtto fondo, scodella
süß	dolce
Tablett	vassọio
Tagesgericht	piạtto del giorno
Tasse	tazza

Teekanne	teiẹra
Tischtuch	tovạglia
Touristenmenu	menù turịstico
Untertasse	piattino
weich	mọrbido
würzen	condire, drogare
zäh	duro
Zahnstocher	lo stuzzicadenti
zart	tẹnero
Zitrone	il limone
Zuckerdose	zuccheriẹra
Zwiebel	cipolla

In Italien findet man folgende Arten von Gaststätten:

osteria – Weinstube, in der man vor allem Wein aus der Gegend trinkt. Manchmal bekommt man dort auch etwas zu essen.
trattoria – Lokal, in dem es hausgemachte Speisen – normalerweise zu vernünftigen Preisen – gibt. Meist handelt es sich um einen Familienbetrieb.
In Großstädten muß man aber vorsichtig sein, weil sich dort oft hinter der Bezeichnung *trattoria* teure Lokale verbergen, in denen man nicht unbedingt gut ißt. Am besten ist es, Einheimische nach einer empfehlenswerten Gaststätte zu fragen.
ristorante – Restaurant mit großem Angebot an Gerichten. Es ist darauf zu achten, daß es in Italien üblich ist, ein vollständiges Essen – bestehend aus Nudelgericht, Reisgericht oder Suppe *(= primo)*, Fleisch- oder Fischgericht *(= secondo)* und Obst oder Nachspeise – zu bestellen. Wenn Sie nur einen Teller Spaghetti oder Ähnliches essen möchten, gehen Sie am besten in eine
távola calda – Dort erhalten Sie verschiedene warme Vorspeisen, die Sie allerdings meist im Stehen essen.
bar – Stehcafé, in dem die Italiener zu jeder Tageszeit ihren *espresso, macchiato, cappuccino* oder Aperitif trinken. Meist muß man zuerst bei der Kasse einen *scontrino* (Kassenbon) lösen, um dann an der Theke das Getränk zu bekommen. Es empfiehlt sich, Kleingeld bereitzuhalten.

Interno di una trattoria

Menù
Speisekarte

Antipasti

acciughe
Sardellen

affettato misto
gemischter Aufschnitt

anguilla affumicata
Räucheraal

aragosta
Languste

carciofini sott'olio
Artischockenherzen in Öl

funghi sott'olio
Pilze in Öl

Vorspeisen

gamberi
Krebse

melone e prosciutto
Melone mit Schinken

prosciutto cotto
gekochter Schinken

prosciutto crudo
roher Schinken

prosciutto con fichi freschi
Schinken mit frischen Feigen

tonno con fagioli
Thunfisch mit weißen Bohnen

Minestre

minestra di riso
Reissuppe

minestra di verdura
Gemüsesuppe

minestrone
dicke Gemüsesuppe

pasta e fagioli
dicke Suppe mit Bohnen und Nudeln

Suppen, Nudel- und Reisgerichte

pastina in brodo
Fleischbrühe mit feinen Nudeln

stracciatella
Einlaufsuppe

zuppa di pesce
Fischsuppe

zuppa pavese
Fleischbrühe mit Toast und Ei

Spaghetti

— al burro / in bianco
mit Butter

— alla napoletana / al pomodoro
mit Tomatensoße (ohne Fleisch)

— alla bolognese / al ragù
mit Tomatensoße / mit Fleisch

— alle vongole
mit kleinen Muscheln

— alla carbonara
mit Ei und Speck

— alla panna
mit Sahne

— alla puttanesca
mit Tomatensoße, Oliven und sehr scharfen Gewürzen

gnocchi alla romana
Grießschnitten mit Käse überbacken

polenta (alla valdostana)
Maisbrei (mit Schmelzkäse)

agnolotti / ravioli / tortellini
gefüllte Teigtaschen

cannelloni
fleischgefüllte Nudelrollen, überbacken

fettuccine / tagliatelle
Bandnudeln

lasagne al forno
überbackene Bandnudeln mit Fleischfüllung

lasagne verdi
grüne Bandnudeln

maccheroni
Makkaroni

vermicelli
Fadennudeln

risotto alla milanese
Reisgericht mit Safran

risotto con funghi
Reisgericht mit Pilzen

Carni

anitra
Ente

agnello
Lamm

capretto
Zicklein

coniglio
Kaninchen

lepre
Hase

maiale
Schwein(efleisch)

abbacchio
Lammbraten

arrosto di vitello
Kalbsbraten

bistecca ai ferri
gegrilltes Steak

bollito misto
verschiedene Fleischarten, gekocht

cervello
Hirn

cotoletta alla milanese
Wiener Schnitzel

cotoletta di maiale
Schweinskotelett

fegato
Leber

fesa di vitello
Kalbsschnitzel

lingua
Zunge

lombata di vitello
Kalbslendchen

Fleischgerichte

manzo / bue
Rindfleisch

oca
Gans

petti di pollo
Hühnerbrust

piccione
Taube

pollo
Huhn

tacchino
Truthahn

vitello
Kalbfleisch

ossobuco
Kalbshaxenscheibe mit Soße

pollo arrosto
Brathuhn

polpette (svizzere)
deutsches Beefsteak, Hamburger

rognoni
Nieren

saltimbocca alla romana
kl. Kalbsschnitzel m. Schinken u. Salbei

scaloppine di vitello
kleine Kalbsschnitzel

spezzatino
Gulasch mit Tomaten

stufato
Schmorbraten

trippa
Kutteln

zampone
gefüllter Schweinsfuß

Pesce

Fisch

anguilla
Aal

aragosta
Languste

calamari
Tintenfische

cozze / vongole
Muscheln

datteri di mare
Dattelmuscheln

fritto di pesce
gebackene Fischchen

frutti di mare
verschiedene Meerestiere

gambero, granchio
Krebs, Krabbe

pesce spada
Schwertfisch

salmone
Lachs

scampi fritti
gebackene kleine (See)Krebse

sgombro
Makrele

sogliola
Seezunge

triglia
Barbe

tonno
Thunfisch

trota
Forelle

Verdura e contorni

Gemüse und Beilagen

asparagi
Spargel

bietola
Mangold

broccoli
Brokkoli

carciofi
Artischocken

carote
Karotten, Möhren

cavolfiore
Blumenkohl

cicoria
Chicorée

melanzane
Aubergines

patate
Kartoffeln

patatine fritte
Bratkartoffeln, Pommes frites

peperoni
Paprikaschoten

piselli
Erbsen

pomodori
Tomaten

purè di patate
Kartoffelpüree

fagioli
weiße Bohnen

fagiolini
grüne Bohnen

finocchi
Fenchel

funghi
Pilze

lenticchie
Linsen

ravanelli
Radieschen

sedano
Sellerie

spinaci
Spinat

zucchini
kürbisartiges Gemüse (grün)

Insalate

Salate

insalata verde
grüner Salat

insalata mista
gemischter Salat

insalata russa
italienischer Salat

radicchio
roter Kopfsalat

Uova

Eierspeisen

frittata
Omelett, Pfannkuchen

uova al tegame
Spiegeleier

uova sode
harte Eier

uova strapazzate
Rühreier

Formaggi

Käse

bel paese
milder Weichkäse

gorgonzola
mit grünem Schimmel durchzogener pikanter Fettkäse

pecorino
Schafkäse

provolone (affumicato)
Büffelkäse, pikant (und geräuchert)

gruviera
Emmentaler Käse

mozzarella
frischer Büffelkäse

parmigiano / grana
Parmesankäse

ricotta
Quark

stracchino
milder Streichkäse

taleggio
weißer Fettkäse

Dolci e frutta

Nachspeisen und Obst

budino
Pudding

crema caramel
Karamelpudding

cassata
Eisschnitte mit kandierten Früchten

frutta cotta
Kompott

albicocca
Aprikose

ananasso
Ananas

arancia
Orange

ciliegie
Kirschen

cocomero / anguria
Wassermelone

fichi
Feigen

fragole
Erdbeeren

lamponi
Himbeeren

gelato
Eis

macedonia
Obstsalat

zabaione
Eiercreme

zuppa inglese
Biskuit mit Vanillecreme

mela
Apfel

melone
Honigmelone

mirtilli rossi
Preiselbeeren

pera
Birne

pesca
Pfirsich

pompelmo
Pampelmuse

prugna/susina
Pflaume

uva
Trauben

Lista delle bevande
Getränkekarte

Vini

Aleatico
süßer Rotwein aus der Toskana

Asti spumante
piemontesischer Schaumwein

Barbera
ziemlich herber piemontesischer Rotwein

Bardolino
roter Tischwein aus der Gegend des Gardasees

Barolo
Piemontesischer Rotwein

Chianti
ziemlich schwerer Rotwein aus der Toskana

Frascati
nicht sehr süßer Weißwein aus den „Castelli" bei Rom

Grignolino
herber piemontesischer Rotwein

Wein

Lambrusco
etwas prickelnder Rotwein aus dem Raum Modena–Bologna

Marino
herber Weißwein aus den „Castelli Romani"

Marsala
schwerer süßer Wein aus Sizilien

Moscato
Gewürzwein, Muskateller

Orvieto
feiner süßer oder herber Weißwein

Ruffino
toskanischer Rotwein

Valpolicella
Veroneser Rotwein

Làcrima Christi
ziemlich süßer, schwerer Rotwein aus der Gegend von Neapel

Birre

Bier

birra scura / chiara
dunkles / helles Bier

birra al malto
Malzbier

birra forte
Bockbier

birra alla spina
Bier vom Faß

Bevande analcoliche

Alkoholfreie Getränke

acqua minerale
Mineralwasser

acqua di seltz
Selterswasser

amarena
Kirschsaft

aranciata
Orangeade

gassosa
Brause, Sprudel

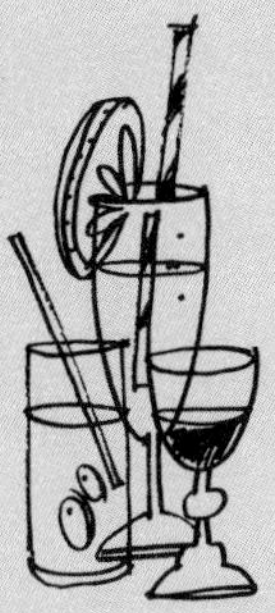

spremuta di limone
Zitrone natur

succo di frutta
Fruchtsaft

succo di mele
Apfelsaft

succo di pomodoro
Tomatensaft

succo d'uva
Traubensaft

Caffetteria

Cafeteria

caffè, espresso
kleiner, starker Kaffee ohne Milch

caffè macchiato
kleiner, starker Kaffee mit Milch

cappuccino
Kaffee mit schaumig geschlagener Milch

pasta
kleines Gebäck

camomilla
Kamillentee

tè al latte / limone
Tee mit Milch / Zitrone

cioccolata con panna
Trinkschokolade mit Schlagsahne

torta
Kuchen

Liquori / Schnäpse und Liköre

amaro
Magenbitter

grappa
klarer Traubenschnaps

sambuca
Likör mit Anisgeschmack

Vẹcchia Romagna
italienischer Kognak

Gelati / Eis

albicocca
Aprikoseneis

cioccolata
Schokoladeeis

fiọr di latte
Sahneeis

coppa assortita
gemischter Eisbecher

frạgola
Erdbeereis

lampone
Himbeereis

limone
Zitroneneis

granita
gekörntes Fruchteis

mirtilli
Heidelbeereis

nocciọla
Haselnußeis

vaniglia/crema
Vanilleeis

coppa con panna
Eisbecher mit Sahne

8 In der Stadt
In città

Auf dem Verkehrsbüro	All'azienda di soggiorno
Können Sie mir bitte ein Hotelverzeichnis geben?	Mi potrebbe dare un elenco degli alberghi, per favore?
Ich möchte einen Stadtplan haben.	Vorrei una pianta della città.
Haben Sie Prospekte von .../Veranstaltungskalender für diese Woche?	Ha qualche depliant di .../un programma delle manifestazioni di questa settimana?
Gibt es Stadtrundfahrten?	Ci sono giri turịstici della città organizzati?
Was kostet die Rundfahrt?	Quanto costa il biglietto?
Wann/Wo fährt der Bus ab?	Quando/Da dove parte l'ạutobus?

Erkundigung nach dem Weg	Informazioni sulla strada
Bitte, wo ist ...?	Scusi signore/signora/signorina, dov'è ...?
Können Sie mir sagen, wie ich nach ... komme?	Mi potrebbe dire come si arriva a ..., per favore?
Wie weit ist es zum (zur) ...?	Quanto ci vuole per andare a ...?
Welches ist der kürzeste Weg nach (zu) ...?	La strada più breve per ..., per favore.
• Es ist (nicht) weit.	(Non) è lontano.
• Es ist ganz in der Nähe.	È vicinissimo.
• Gehen Sie geradeaus.	Vada (a) diritto.
• Gehen Sie nach links/nach rechts.	Vada a sinistra/a destra.
• Erste/zweite Straße links/rechts.	La prima/seconda strada a sinistra/a destra.
• Gehen Sie über die Brücke / den Platz / die Straße.	Attraversi il ponte / la piazza / la strada.
• Dann fragen Sie noch einmal.	Poi chiẹda un'altra volta.
• Sie können den Bus / die Straßenbahn / die U-Bahn nehmen.	Può prẹndere l'ạutobus / il tram / la metropolitana.

Bus, Straßenbahn, U-Bahn	**Autobus, tram, metropolitana**
Welcher Bus/welche Straßenbahn fährt nach ...?	Qual è l'ạutobus/il tram che va a ...?
Bitte, wo ist die nächste Bus- Straßenbahnhaltestelle U-Bahnstation?	Dov'è la prossima fermata dell'ạutobus? del tram? della metropolitana?
Welche Linie fährt nach ...?	Qual è la lịnea che va a ...?
In welche Richtung muß ich fahren?	In che direzione devo andare?
Wie viele Haltestellen sind es?	Quante fermate sono?
Wo muß ich aussteigen/umsteigen?	Dove devo scẹndere/cambiare?
Sagen Sie mir bitte, wenn wir dort sind.	Mi dice, per favore, quando ci siamo?
Bitte, einen Fahrschein nach ...	Un biglietto per ..., per favore.

Taxi	**Taxi**
Wo ist der nächste Taxistand?	Dove trovo un tassì?
Zum Bahnhof.	Alla stazione.
Zum ... Hotel.	All'albergo ...
In die ... Straße.	In via ...
Nach ..., bitte.	A ..., per favore.
Wieviel kostet es nach ...?	Quanto costa per andare a ...?
Das ist für Sie.	Questo è per Lei.

Stadtrundfahrt, Ausflüge	**Giro della città, escursioni**
Welche Sehenswürdigkeiten gibt es in?	Che cosa c'è d'interessante da vedere qui?
Wir möchten die Ausstellung das Museum das Schloß die Kirche besichtigen.	Vorremmo visitare la mostra. il musẹo. il castello. la chiẹsa.
Wann ist . . . geöffnet?	Quando è aperto . . .?
Wann beginnt die Führung?	Quando comincia la vịsita con la guida?
Gibt es auch eine Führung in Deutsch?	La guida parla anche tedesco?
Darf man hier fotografieren?	È permesso fare fotografịe?
Was für ein Platz/eine Kirche ist das?	Come si chiama questa piazza/chiẹsa?
Wann wurde dieses Gebäude erbaut?	Quando fu costruịto questo palazzo?

Firenze — Duomo

Ist das . . .?	È questo il . . ./È questa la . . .?
Kommen wir am (an) . . . vorbei?	Si passa da . . .?
Besichtigen wir auch . . .?	Si va anche a vedere . . .?
Wieviel freie Zeit haben wir in . . .?	Quanto tempo a disposizione abbiamo a . . .?
Wann fahren/kommen wir zurück?	A che ora si riparte/si arriva?

Kirche, Gottesdienst — Chiesa, funzioni religiose

Wo ist die . . . Kirche/der Dom?	Dov'è la chiesa di San(ta) . . ./il duomo?
Wann findet der Gottesdienst statt?	A che ora è la messa?
Ist heute eine Taufe/eine Trauung?	C'è un battẹsimo/un matrimọnio oggi?
Werden Kirchenkonzerte veranstaltet?	Danno concerti in chiesa?
Wann kann man die Kirche/die Kapelle besichtigen?	Quando si può visitare la chiẹsa/la cappella?
Wo wohnt der Pfarrer/der Kirchendiener?	Dove abita il pạrroco/il sagrestano?
Wir möchten gerne die Kirche besichtigen.	Vorremmo visitare la chiẹsa.
Können Sie uns bitte begleiten/den Schlüssel geben.	Ci può accompagnare/dare la chiạve?

Betreten Sie in Italien eine Kirche nie in kurzen Hosen. Sie könnten Anstoß erregen. Wenn Sie ein ärmelloses Kleid tragen, ist es ratsam, eine Strickweste — oder, wenn nicht vorhanden, einen Seidenschal — um die Schultern zu legen.

1

2

Italien

3

4

1 Milano, il Duomo
2 Pisa, la Torre
3 Alberobello (Puglia), i Trulli
4 Roma, il Colosseo
5 Venezia, S. Giorgio Maggiore

5

Wortliste Stadt

Abtei	abbazịa
Allee	il viale
Altar	l'altare *m*
Ausgrabungen	gli scavi
Ausstellung	mostra, l'esposizione *f*
Barock	barocco
Besichtigung	vịsita
Bibliothek	biblioteca
Bild	quadro
-hauer	lo scultore
Bogen	arco
-gang	arcata
Botschaft	ambasciạta
Brücke	il ponte
Brunnen	fontana
Burg	fortezza
Bürgermeister	sịndaco
Chor	coro
-stuhl	stallo
Christ	cristiano
Christentum	cristianẹsimo
Denkmal	monumento
Dom	duọmo
Endstation	il capolịnea
Fassade	facciata
Flügel	ala
Fresko	affresco
Friedhof	cimitero
Führung	vịsita guidata
Fundbüro	uffịcio oggetti smarriti
Galerie	gallerịa (d'arte)
Gasse	vịcolo
Gebäude	edifịcio
Gehsteig	il mạrciapiẹde
Geistlicher	il sacerdote, il prete
Gemälde	dipinto
Geschäft	negọzio
Gewölbe	volta
Glocke	campana

gotisch	gọtico
Gottesdienst	messa, la funzione sacra
Grab	tomba
Grünanlage	parco, giardino pụbblico
Haltestelle	fermata
Hof	il cortile
Innenstadt	centro
Jahrhundert	sẹcolo
Jude	ebrẹo
Kanzel	pụlpito
Kapelle	cappella
Katholik	cattọlico
Kino	il cịnema
Kirche	chiesa
-ndiener	sagrestano
-nkonzert	concerto di mụsica sacra
Kirchturm	campanile
Konfession	la confessione, la religione
Konsulat	consolato
Kopie	cọpia
Krankenhaus	l'ospedale *m*
Kreuz	la croce
-gang	chiostro
Krypta	cripta
Kuppel	cụpola
Leuchter	candelabro
Maler	il pittore
Markt	mercato
Marmor	marmo
Messe	messa
Mittelalter	Medioẹvo
mittelalterlich	medioevale
Mittelschiff	navata (centrale)
Mosaik	mosạico
Museum	musẹo
Oper	ọpera
Orgel	ọrgano
Original	l'originale *m*
Palast	palazzo
Park	parco, giardino pụbblico

Pavillon	il padiglione
Pfarrer	parroco
Pfeiler	pilastro
Platz	piạzza
Portal	il portale
Predigt	prẹdica
Protestant	protestante
Querschiff	transetto
Rathaus	municịpio
Religion	la religione
romanisch	romạnico
Ruine	rovina
Rundfahrt	giro
Sakristei	sagrestịa
Sarkophag	sarcọfago
Säule	colonna
Schaufenster	vetrina
Schiff	navata
Schloß	castello
Schule	scuola
Sehenswürdigkeiten	le cose da vedersi
Stadtteil	il quartiẹre
Stadtzentrum	centro
Statue	stạtua
Stil	lo stile
Straße	strada, via
Taufbecken	il fonte battesimale
Taxistand	postẹggio di tassì
Tempel	tẹmpio
Theater	teạtro
Tor	il portone
Turm	la torre
U-Bahn	metropolitana
Umgebung	i dintorni
Universität	l'università *f*
Vorort	sobborgo

9 Auf der Post
All'ufficio postale

Wo ist das nächste Postamt/der nächste Briefkasten?	Per favore, dov'è l'ufficio postale più vicino/la cassetta postale più vicina?
Was kostet ein Brief/eine Ansichtskarte	Quanto costa una lettera/una cartolina illustrata per
nach Deutschland? nach Österreich? in die Schweiz?	la Germania? l'Austria? la Svizzera?
Drei Briefmarken zu ... Lire, bitte.	Tre francobolli da ... lire, per favore.
Diesen Brief bitte per Einschreiben als Luftpost. Expreß	Questa lettera raccomandata per via aerea per espresso, per favore.
Kann ich bei Ihnen auch Sondermarken bekommen?	Ha anche delle emissioni speciali?

Diesen Satz/je eine Marke, bitte.	Questa sẹrie/un francobollo di ciascuna, per favore.

Postlagernd — Fermo Posta

Ist Post für mich da? Mein Name ist ... Nein, es ist nichts da.	C'è posta per me? Il mịo nome è ... No, non c'è niente.
Ja, es ist etwas da. Ihren Ausweis, bitte.	Sì, c'è qualcosa. Ha un documento, per favore?

Ferngespräche und Telegramme — Telefono e Telegrafo

Ich möchte ein Telegramm aufgeben.	Vorrei spedire un telegramma.
Können Sie mir bitte beim Ausfüllen helfen?	Per favore, mi potrebbe aiutare a riempirlo?
Was kostet ein Wort?	Quanto costa a parola?
Kommt das Telegramm heute noch in ... an?	Il telegramma arriverà oggi stesso a ...?
Wo ist die nächste Telefonzelle?	Dov'è la più vicina cabina telefọnica?

Telefonate urbane

durata fino a 5 minuti
introdurre un gettone
sollevare il ricevitore e attendere il segnale di centrale
formare il numero desiderato

Telefonate interurbane teleselettive

introdurre alcuni gettoni (almeno sei)

a) per chiamare nel distretto: come per le telefonate urbane
b) per chiamare ad altro distretto:
   formare prima il prefisso e subito dopo il numero desiderato

Importante: un breve suono segnala che per continuare la conversazione occorre introdurre altri gettoni.
Avvertenza: per la restituzione dei gettoni non utilizzati riappendere il ricevitore e tenere premuto il tasto.

Ortsgespräche

Dauer: bis zu 5 Minuten
Telefonmünze einwerfen
Hörer abnehmen und Signal abwarten
Gewünschte Nummer wählen

Ferngespräche

mindestens 6 Telefonmünzen einwerfen

a) bei Gesprächen innerhalb des Telefonbezirks: wie Ortsgespräch
b) bei Gesprächen in einen anderen Telefonbezirk:
   Vorwahlnummer und gleich anschließend Teilnehmernummer wählen

Wichtig: ein kurzer Ton weist darauf hin, daß zur Fortsetzung des Gesprächs weitere Telefonmünzen eingeworfen werden müssen.
Achtung: für die Rückgabe nicht verwendeter Telefonmünzen Hörer aufhängen und Taste drücken.

Können Sie mir bitte eine Telefonmünze geben?	Mi potrebbe dare un gettone?
Bitte ein Ferngespräch nach ...	Per favore, un'interurbana per ...
Gehen Sie in Kabine Nr. ...	Vada nella cabina nụmero ...
Die Leitung ist besetzt.	È occupato.
Es meldet sich niemand.	Non risponde.
Bleiben Sie bitte am Apparat.	Resti all'apparẹcchio.
Hallo, mit wem spreche ich?	Pronto, con chi parlo?
Hier spricht ...	Qui parla ...
Kann ich bitte Herrn/Frau/Fräulein ... sprechen?	Scusi, potrei parlare con il signor/la signora/la signorina ...?

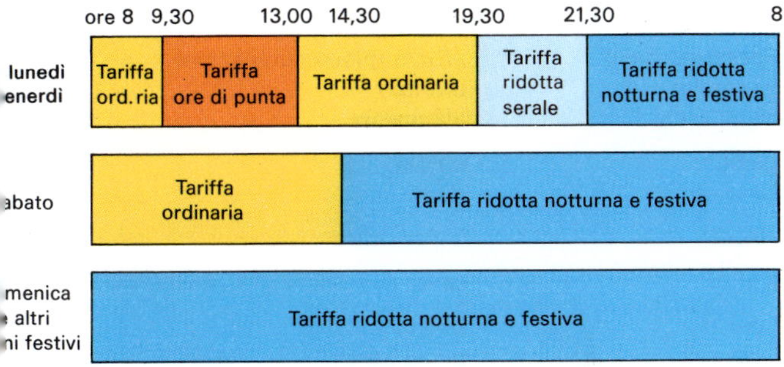

Il Telefono. La tua voce

Telefonmünzen erhält man automatisch als Wechselgeld in den Geschäften und auf Verlangen in den Stehcafés, an Zeitungskiosken und in den meisten Gaststätten. Außerdem gibt es Münzautomaten in Telefonzellen, Bahnhöfen etc. Dafür muß natürlich Kleingeld bereitgehalten werden.

Wortliste Post

absenden	spedire
Absender	il mittente
Adresse	indirizzo
Anruf	telefonata
anrufen	telefonare
Ansichtskarte	cartolina illustrata
aufgeben	spedire
Bestimmungsort	la destinazione
Brief	lẹttera
-kasten	cassetta postale
-marke	francobollo
-markenautomat	il distributore automạtico per francobolli
-träger	postino, il portalẹttere
Drucksache	stampe
Eilbrief	espresso
Einschreibebrief	raccomandata
Empfänger	destinatạrio
Ferngespräch	interurbana
Fernsprechamt	uffịcio telecomunicazioni
Formular	mọdulo
frankieren	affrancare
Gebühr	tariffa
Gewicht	peso
Hörer	il ricevitore
Kabel	cavo
Leerung	levata
Luftpost	posta aẹrea
mit —	via aẹrea
Münzfernsprecher	telẹfono a gettone
Nachnahme, per	contr'assegno
nachsenden	recapitare
Ortsgespräch	telefonata urbana
Paket	pacco
Porto	affrancatura

Post/amt	uffịcio postale
-anweisung	il vạglia postale
-karte	cartolina postale
-lagernd	fermo posta
-sparbuch	libretto postale di rispạrmio
R-Gespräch	la comunicazione telefọnica a cạrico del ricevente
Schalter	sportello
Telefon	telẹfono
-buch	elenco telefọnico
-gespräch	telefonata
-zelle	cabina telefọnica
Telegramm	il telegramma
Übergewicht haben	superare di peso
Überweisung, telegrafische	vạglia telegrạfico
Verbịndung	la comunicazione
Vermittlung	centralino
Voranmeldung	preavviso
Vordruck	mọdulo
Vorwahlnummer	prefisso
wählen	formare il nụmero
Wertangabe	valore dichiarato
Zahlkarte	mọdulo di versamento
Zollerklärung	la dichiarazione doganale
Zustellung	consegna, recạpito

Per la città
Stadt

Per tutte le altre destinazioni
Andere Bestimmungsorte

10 Auf der Polizei
Al commissariato di Polizia

Wo ist die nächste Polizeistelle?	Dov'è il più vicino commissariato di polizịa?
Ich möchte einen Diebstahl/Verlust anzeigen.	Vorrei denunciạre un furto/uno smarrimento.
Mir ist die Handtasche der Fotoapparat der Koffer das Auto gestohlen worden.	Mi è stata rubata la borsa. la mạcchina fotografica. la valịgia. la mạcchina.
Mir ist die Brieftasche/Geld gestohlen worden.	Mi è stato rubato il portafoglio/del denaro.
Mein Auto ist aufgebrochen worden.	La mia mạcchina è stata forzata.
Aus meinem Auto ist ... gestohlen worden.	Dalla mia mạcchina è stato rubato ...
Ich habe ... verloren.	Ho perso ...
Können Sie mir bitte helfen?	Mi può aiutare, per favore?

• Wir werden der Sache nachgehen.	Ce ne occuperemo.
• Ihren Namen und Ihre Anschrift, bitte.	Il Suo nome e indirizzo, per favore.

Wortliste Polizei

anzeigen	denunciạre
Armband	braccialetto
Autoschlüssel	la chiạve della mạcchina
beschlagnahmen	sequestrare
Brieftasche	il portafogli
Dieb	ladro
-stahl	furto
Erpressung	ricatto
Fotoapparat	mạcchina fotogrạfica
Gefängnis	la prigione
Geld	denaro, soldi
-börse	borsellino
Gericht	il tribunale
Koffer	valịgia
Polizei	polizịa
-revier	posto di polizịa
Polizist	il poliziotto; (Verkehr) il vịgile
Rauschgift	gli stupefacenti
Rechtsanwalt	avvocato
Richter	il giụdice
Schlüssel	la chiạve
Schmuggel	contrabbando
Schuld	colpa
Tasche	borsa
Überfall	l'aggressione *f;* assalto (a una banca)
Uhr	orolọgio
Unfall	l'incidente *m*
Verbrechen	delitto
verhaften	arrestare
Verlust	pẹrdita

11 Zeitvertreib – Vergnügungen
Passatempo – Divertimenti

Im Schwimmbad/ Am Strand	**In piscina/ Sulla spiaggia**
Gibt es hier ein Freibad? Hallenbad? Thermalbad?	C'è una piscina all'aperto? una piscina coperta? un bagno termale?
Eine Eintrittskarte (mit Kabine), bitte.	Un ingresso (con cabina), per favore.
• Nur für Schwimmer!	Per soli nuotatori!
• Baden verboten!	Vietato bagnarsi!
Ist der Strand sandig? steinig? felsig?	La spiaggia è di sạbbia? sassi? Ci sono scogli?
Wie weit darf man hinausschwimmen?	Fin dove si può nuotare?
Ist es für Kinder gefährlich?	È pericoloso per i bambini?

Ich möchte ... mieten. ein Boot einen Liegestuhl einen Sonnenschirm ein Paar Wasserski	Vorrei noleggiare una barca. una sdrạio. un ombrellone. un pạio di sci nạutici.
Was kostet es pro Stunde/Tag?	Quanto costa all'ora/al giorno?

Sport

Sport

Welche Sportveranstaltungen gibt es hier?	Quali manifestazioni sportive ci sono qui?
Was kann man an Sport hier treiben?	Quali sport si possono praticare qui?
Gibt es hier einen Golfplatz? einen Tennisplatz? eine Pferderennbahn?	C'è un campo da golf? un campo da tennis? un ippọdromo?
Wo kann man hier angeln?	Dove si può pescare?
Ich möchte mir das Fußballspiel/das Pferderennen ansehen.	Vorrei vedere la partita di calcio/la corsa di cavalli.
Wann/Wo findet es statt?	Quando/Dove ha luọgo?
Was kostet der Eintritt?	Quanto costa l'ingresso?
Gibt es hier gute Skipisten?	Ci sono buone piste per sciare?
Gibt es auch Skilifts?	Ci sono anche scịovịe/ski-lift?
Was kostet eine Tageskarte/Wochenkarte?	Quanto costa una tẹssera giornaliẹra/settimanale?
Gibt es eine Langlaufloipe?	C'è una pista di fondo?
Wie sind die Schneeverhältnisse?	Come sono le condizioni della neve?

Ich möchte eine Bergtour machen.	Vorrei fare una gita in montagna.
Können Sie mir eine interessante Route auf der Karte zeigen?	Mi può indicare un itinerạrio interessante sulla carta?
Welchen Sport treiben Sie?	Che sport prạtica Lei?
Ich spiele . . .	Io gioco al . . .
Ich bin ein Anhänger von . . .	Sono appassionato di . . .

Theater, Konzert, Kino — Teatro, concerto, cinema

Was wird heute abend im Theater/Kino gegeben?	Che cosa c'è a teạtro/al cịnema stasera?
Können Sie mir	Mi può consigliare
ein gutes Theaterstück	una buona ọpera teatrale?
ein gutes Konzert	un buon concerto?
einen guten Film	un buon film?
empfehlen?	
Wann beginnt die Vorstellung?	Quando comịncia lo spettạcolo?
Wo bekommt man Karten?	Dove si prẹndono i biglietti?

In den meisten italienischen Kinos kann man jederzeit den Kinosaal betreten und dann eben so lange bleiben, bis man den ganzen Film gesehen hat. Da es nicht jedermanns Geschmack ist, von einem Film womöglich zuerst das Ende und dann erst den Anfang zu sehen, kann man sich bei der Kasse nach dem nächsten Filmbeginn erkundigen und darauf warten.

Bitte zwei Karten für heute abend/morgen abend.	Due biglietti per stasera/domani sera, per favore.
Bitte zwei Plätze zu ... Lire.	Per favore due biglietti da ... lire.
Wann ist die Vorstellung zu Ende?	Quando finisce lo spettacolo?
Wo ist die Garderobe?	Dov'è il guardaroba?

Tanz	**Ballo**
Gibt es hier eine Diskothek?	C'è un dancing/una discoteca qui?
Wollen wir tanzen gehen?	Andiamo a ballare?
Wollen wir (noch einmal) tanzen?	Balliamo (un'altra volta)?
Wollen wir noch einen Bummel machen?	Vogliamo fare una passeggiatina?
Darf ich Sie zu einer Party einladen?	Posso invitarLa ad una festa?
Darf ich Sie nach Hause begleiten/fahren?	Posso accompagnarLa a casa?
Wann sehen wir uns wieder?	Quando ci si rivede?
Vielen Dank für den netten Abend.	Grazie della bella serata.

Wortliste Zeitvertreib

angeln	pescare
Angelschein	licenza di pesca
Aufführung	spettạcolo
Bade/anzug	il costume da bagno
-hose	il costume da bagno
-mütze	cụffia
Ballett	balletto
Bergsteigen	alpinismo
Boot	barca
Boxkampf	pugilato
Bühne	palcoscẹnico
Dirigent	il direttore d'orchestra
Dusche	dọccia
Eintrittskarte	biglietto
Eislauf	pattinạggio su ghiaccio
Filmschauspieler	l'attore *m* di cịnema
Freilichtkino	cịnema all'aperto
Fußball	cạlcio
-mannschaft	squadra di cạlcio
-platz	campo di giọco (del cạlcio)
-spiel	partita di cạlcio
Garderobe	il guardaroba
gewinnen	guadagnare
Halbzeit	primo/secondo tempo
Hallenbad	piscina coperta
Handball	palla a mano
Inszenierung	messa in scena
Jagd	cạccia
Kasse	cassa
Kegeln	giọco dei birilli
Komödie	commẹdia
Komponist	il compositore
Konzert	concerto
Loge	palco
Luftmatratze	materassino pneumạtico
Motor/boot	motoscafo
-sport	motociclismo

Niederlage	sconfitta
Oper	Ọpera
Operette	operetta
Opernglas	binọcolo
Orchester	orchestra
Parkett	platẹa
Pause	intervallo
Pferderennen	corsa di cavalli
Programm	il programma
radfahren	andare in bicicletta
Radsport	ciclismo
Rang	gallerịa
Regie	regịa
Regisseur	il regista
Reitsport	l'equitazione *f;* ịppica
Rennen	corsa; gara
Ringkampf	lotta
Rodel	slitta
Rolle	ruolo
Hauptrolle	ruolo principale
Ruderboot	barca a remi
Schauspiel	teatro
-er	l'attore *m*
-erin	l'attrice *f*
Schiedsrichter	ạrbitro
Schießsport	tiro
Schlauchboot	canotto pneumạtico
Schwimmbad	piscina
Schwimmen	nuọto
Segelboot	barca a vela
Segeln	la vela
Sieg	vittọria
Sinfoniekonzert	concerto sinfọnico
Ski	lo sci
-bindung	attacco
-laufen	sciare
-lift	sciovịa, ski-lift
Solist	il solista
Sonnenöl	ọlio solare
Spiel	partita
-plan	il programma

Sportler	sportivo, l'atleta *m*
-in	sportiva, l'atleta *f*
Sportplatz	campo sportivo
Sprungbrett	trampolino
tauchen	nuotare sott'acqua
Taucherausrüstung	attrezzatura da palombaro
Tennis	il tennis
-platz	campo da tennis
-schläger	racchetta
Theaterstück	ọpera teatrale
Tischtennis	il ping-pong
Tragödie	tragẹdia
Tretboot	pattino a pedali
Turnen	ginnạstica
verlieren	pẹrdere
Volleyball	la pallavolo
Vorhang	sipạrio
Vorstellung	spettạcolo
Wasserski	lo sci nạutico
Wellenreiten	il surf
Wettkampf	gara

12 Einkaufen – Geschäfte
Facendo la spesa – Negozi

Fragen, Preise	**Domande, Prezzi**
Wo kann man ... kaufen?	Dove si può comprare ...?
Können Sie mir ein ... geschäft empfehlen?	Mi può indicare un negọzio di ...?
Werden Sie schon bedient?	La servono già?
Ich möchte ...	Desịdero .../Vorrei ...
Haben Sie ...?	Ha ...?
Geben/Zeigen Sie mir bitte ...	Mi dia/Mi mostri per favore ...
Haben Sie noch ein anderes/eine(n) andere(n) ...?	Ha un altro/un' altra ...?
Bitte	Per favore,
ein Paar ...	un pạio di ...
ein Dutzend ...	una dozzina di ...
ein Stück ...	un pezzo di ...

Haben Sie etwas Besseres/Billigeres?	Ha qualcosa di meglio/meno caro?
Das gefällt mir.	Mi piace.
Wieviel kostet es?	Quanto costa?
Ich nehme es.	Lo prendo.
Nehmen Sie	Accetta
deutsches Geld?	denaro tedesco?
Reiseschecks?	assegni di viạggio?
Euroschecks?	eurocheques?

In der Buchhandlung / In librerịa

Ich hätte gern ...	Vorrei ...
einen Stadtplan.	una pianta della città.
eine deutsche Zeitung.	un giornale tedesco.
eine Illustrierte.	una rivista.
ein Wörterbuch.	un dizionạrio.
einen Reiseführer.	una guịda turịstica.

Im Fotogeschäft / Dal fotọgrafo

Ich möchte ...	Vorrei ...
einen Film für diesen Apparat.	una pellịcola per questa mạcchina.
einen Schwarzweiß-Film.	una pellịcola in biạnco e nero.
einen Farbfilm (für Dias)	una pellịcola a colori (per diapositive).
einen Film mit 36/20/12 Aufnahmen.	una pellịcola da 36/20/12.
einen Super-8-Film.	una pellịcola superotto.
einen Kassettenfilm.	una pellịcola a caricatore.
zehn Blitzlichtbirnen.	dịeci lampadine da flash.
Würden Sie mir bitte diesen Film entwickeln?	Mi potrebbe sviluppare questa pellicola, per favore?
Bitte machen Sie mir je einen Abzug von diesen Negativen.	Una foto di ciascuna di queste negative, per favore.

Welches Format bitte?	Che formato?
Sieben mal zehn./Neun mal neun.	Sette per dieci./Nove per nove.
Wünschen Sie Hochglanz oder Seidenglanz?	Lụcido o opaco?
Wann kann ich die Bilder abholen?	Quando posso venire a prẹndere le foto?
Können Sie bitte diesen Apparat reparieren?	Potrebbe aggiustare questa mạcchina, per favore?
Der Sucher/Der Auslöser funktioniert nicht.	Il mirino/Lo scatto non funziona.

Kleidung, Schuhe, Reinigung — Abbigliamento, Scarpe, Lavanderịa a secco

Können Sie mir ... zeigen?	Mi può mostrare ...?
Welche Farbe wünschen Sie?	Che colore desịdera?
Ich möchte etwas in Gelb.	Qualcosa in giallo.
Ich möchte etwas Passendes hierzu.	Vorrei qualcosa che vada bene con questo.
Kann ich es anprobieren?	Posso provarlo?
Welche (Konfektions-) Größe haben Sie?	Che taglia ha?
Das ist mir zu ...	È troppo ...
eng.	stretto.
kurz.	corto.
lang.	lungo.
groß.	largo.
Das paßt gut. Ich nehme es.	Va bene. Lo prendo.

Ich möchte ein Paar ...	Vorrei un pạio di ...
Halbschuhe.	scarpe basse.
Hausschuhe.	pantọfole.
Kinderschuhe.	scarpe da bambini.
Sandalen.	sạndali.
Stiefel.	stivali.
Skistiefel.	scarponi da sci.
Ich habe Schuhgröße ...	Ho il nụmero ...
Sie drücken mich.	Mi fanno male.
Sie sind zu eng/weit.	Sono troppo strette/larghe.
Bitte noch eine Dose Schuhkrem/ein Paar Schnürsenkel.	Anche un lụcido da scarpe/un pạio di stringhe, per favore.
Ich möchte diese Sachen reinigen/waschen lassen.	Vorrei far lavare a secco/lavare questa roba.
Wann sind sie fertig?	Quando sarà pronta?

Lebensmittel — Gẹneri alimentari

Geben Sie mir bitte ...	Mi dịa ..., per favore.

Beim Optiker — Dall'ọttico

Würden Sie mir bitte diese Brille reparieren?	Mi potrebbe aggiustare gli occhiạli, per favore?
Wann kann ich die Brille abholen?	Quando posso venire a prẹndere gli occhiạli?
Was kostet die Reparatur?	Quanto costa la riparazione?
Ich suche eine Sonnenbrille.	Vorrei un paio di occhiạli da sole.

Im Tabakladen	Dal tabaccạio
20 Nazionali, bitte.	Venti Nazionali, per favore.
Haben Sie deutsche/ amerikanische Zigaretten?	Ha delle sigarette tedesche/ americane?
Zehn Zigarren/Zigarillos, bitte.	Dieci sịgari/sigarillos, per favore.
Eine Dose Tabak, bitte.	Una scạtola di tabacco, per favore.
Eine Schachtel Streichhölzer, bitte.	Una scạtola di fiammịferi, per favore.

Beim Uhrmacher, Juwelier	Dall'orologiaio, dal gioielliere
Meine Uhr geht nicht mehr. Können Sie mal nachsehen?	Il mịo orolọgio non va più. Potrebbe darci un'occhiata?
Ich möchte ein hübsches Andenken/Geschenk.	Vorrei un bel ricordo/regalo.
Wieviel wollen Sie ausgeben?	Quanto vuole spẹndere?
Ich möchte etwas nicht zu Teures.	Vorrei qualcosa di non troppo caro.
Was kostet ...?	Quanto costa ...?

Wortliste Geschäfte

Antiquariat	antiquariato
Antiquitätengeschäft	negọzio di antichità
Apotheke	farmacịa
Bäckerei	panifịcio
Blumengeschäft	fiorạio
Buchhandlung	librerịa
Drogerie	profumerịa

Eisenwarengeschäft	negọzio di ferramenta
Elektrohandlung	l'elettricista *m*
Fischgeschäft	pescherịa
Fotoartikel	artịcoli fotogrạfici
Friseur	il parrucchiẹre
Gemüsehändler	erbivẹndolo
Juwelier	gioiellerịa
Kaufhaus	i grandi magazzini
Konditorei	pasticcerịa
Kosmetiksalon	il salone di bellezza
Kunsthändler	il commerciante in oggetti d'arte
Lebensmittelgeschäft	i gẹneri alimentari
Lederwarengeschäft	pelletterịa
Metzgerei	macellerịa
Milchgeschäft	latterịa
Möbelgeschäft	(negọzio di) mọbili
Musikgeschäft	negọzio di artịcoli musicali
Obsthandlung	fruttivẹndolo
Optiker	ọttico
Parfümerie	profumerịa
Pelzgeschäft	pellicecerịa
Porzellangeschäft	negọzio di porcellane
Reinigung, chemische	lavanderịa a secco, tintorịa
Reiseandenken	souvenirs
Reisebüro	agenzịa viạggi
Schallplattengeschäft	negọzio di dischi
Schneider/in	sarto/sarta

Schreibwarengeschäft	cartolerịa
Schuhgeschäft	negọzio di scarpe
Schuhmacher	calzolạio
Selbstbedienungsladen	il self-service
Spielwarengeschäft	negọzio di giocạttoli
Sportartikel	artịcoli sportivi
Stoffgeschäft	negọzio di stoffe
Tabakladen	tabaccạio
Uhrmacher	orologiạio
Verkehrsbüro	azienda di soggiọrno, pro loco
Waffenhandlung	negọzio di armi
Wäscherei	lavanderia
Weinhandlung	spaccio di vini
Zeitungshändler	giornalạio

Wortliste Kleidung

Abendkleid	ạbito da sera
Absatz	tacco
anprobieren	provare
Anzug	ạbito
Ärmel	mạnica
Bade/anzug	il costume da bagno
-hose	il costume da bagno
-mantel	accappatọio
-mütze	cụffia
Baumwolle	il cotone
Bikini	il bikịni
Bluse	camicetta
bügeln	stirare
Büstenhalter	reggiseno
chemisch reinigen	lavare/pulire a secco
einfarbig	tinta unita
Farbe	tinta, il colore
Flanell	flanella
Futter	fọdera
gestreift	a righe

Gummistiefel	gli stivali di gomma
Gürtel	cintura
Halstuch	il foulard
Handschuhe	i guạnti
Hemd	camịcia
Hose	i pantaloni
kurze Hose	i pantaloncini
Hut	cappello
Jacke	giạcca
kariert	a quadri
Kleid	vestito
Kniestrümpfe	i calzettoni
knitterfrei	ingualcibile
Knopf	il bottone
Konfektion	le confezioni
Kostüm	il tailleur
Krawatte	cravatta
Kunstfaser	fibra sintẹtica
Leder/jacke	giạcca di pelle
-mantel	cappotto di pelle
Mantel	cappotto
Morgenrock	la vestạglia
Pantoffeln	le pantọfole
Pelz/jacke	giạcca di pellịccia
-mantel	pellịccia
Pullover	il pullover, il maglione
Pyjama	il pigiạma
Regenmantel	l'impermeạbile *m*
Reißverschluß	chiusura lampo
Rock	gonna
Sakko	giạcca
Samt	velluto
Sandalen	i sạndali
Schal	lo scialle; sciarpa
Schirm	ombrello
Schlüpfer	le mutand(in)e
Schuh/e	le scarpe
-bänder	le stringhe
-bürste	spạzzola da scarpe
-krem	lụcido per le scarpe

Seide	seta
Socken	i calzini
Sohle	suọla
Sommerkleid	vestito da estate
Sporthemd	camịcia sportiva
Stiefel	gli stivali
Strandschuhe	le scarpe da spiạggia
Strickjacke	giạcca di lana, il golf
Strümpfe	le calze
Strumpfhose	il collant, calzamạglia
Taschentuch	fazzoletto
Trainingsanzug	tuta d'allenamento
Unter/hemd	mạglietta, camiciọla
-hose	le mutande
-rock	la sottoveste
-wäsche	biancherịa ịntima
Weste	il golf, il gilè
Wolle	lana
reine Wolle	pura lana

Wortliste Farben

beige	beige
blau	blu
dunkelblau	blu scuro
hellblau	celeste, azzurro
braun	marrone
dunkelbraun	testa di moro
farbig	a colori
einfarbig	a tinta unita
mehrfarbig	a più colori
gelb	giạllo
golden	colọr oro
grau	grịgio
dunkelgrau	grịgio scuro, antracite
hellgrau	grịgio chiaro, grịgio perla
grün	verde
dunkelgrün	verde scuro, verde bottịglia
hellgrün	verde chiạro

lila	lilla
orange	arancione
rosa	rosa
rot	rosso
dunkelrot	rosso scuro
hochrot	rosso fiamma
hellrot	rosso chiaro
schwarz	nero
silbern	argento
violett	viọla
weiß	biạnco

Wortliste Schreibwaren

Ansichtskarte	cartolina illustrata
Autokarte	carta automobilịstica
Bleistift	matita
Brief/papier	carta da lẹttere
-umschlag	busta
Farbstift	matita colorata
Füllfederhalter	penna stilogrạfica
Klebstoff	colla
Kohlepapier	carta carbone
Kugelschreiber	la biro
Landkarte	carta geogrạfica
Notiz/block	il blocco per appunti
-buch	taccuịno
Papier	carta
Packpapier	carta da pacchi
Radiergummi	gomma
Reiseführer	guịda turịstica
Stadtplan	pianta della città
Tesafilm	nastro adesivo, lo scotch
Tinte	inchiọstro
Zeichenblock	blocco da disegno

Wortliste Toilettenartikel

Augenbrauenstift	il lapis per sopraccịglia
Badesalz	i sali da bagno
Bürste	spạzzola
Damenbinden	gli assorbenti
Deodorant	il deodorante
Fleckenwasser	lo smacchiatore
Gesichtswasser	tọnico
Haar/bürste	spạzzola per i capelli
-festiger	la frizione
-klammern	le mollette (per capelli)
-spray	lacca
-waschmittel	lo shạmpoo
Handtuch	asciugamano
Hautkrem	crema per la pelle
Kamm	il pẹttine
Kleiderbürste	spạzzola per vestiti
Kölnisch Wasser	acqua di Colọnia
Krem	crema
Lidschatten	ombretto
Lippenstift	rossetto
Lockenwickler	i bigodini
Mundwasser	collutorio
Nachtkrem	crema da notte
Nagel/feile	limetta
-lack	smalto
-lackentferner	l'acetone *m*
-schere	le forbici per le ụnghie
Papiertaschentücher	i fazzoletti di carta
Parfüm	profumo
Pinzette	le pinzette
Puder	cipria
-dose	il portacipria
Körperpuder	borotalco
Rasier/apparat	rasọio (elẹttrico)
-klinge	lạmetta
-pinsel	pennello da barba
-seife	il sapone da barba

Il Sangioveto.
Frutto di collina
dal tipico sapore pieno di Chianti Melini.
Chianti Melini. Un"classico"della natura.
gusta il segreto
della fresca naturalezza
del tuo...
Rosatello
RUFFINO
FFINO
ra è anche un vino
Nel ritrovano, allora come adesso, realizzati in un insieme perfetto tutti gli elementi che danno origine
di Barolo al Re Carlo Alberto sono stati sostituiti da una moderna organizzazione commerciale che porta nel mondo i vini dei Marchesi di Barolo.
Barolo (Piemonte)
MARCHESI DI BAROLO
Nobili del Piemonte
CONSORZIO VINO CHIANTI CLASSICO
CHIANTI CLASSICO
ASTI D.O.C.
UN BERE PREZIOSO OGGI P
CONSORZIO TUTELA
AUTENTICA
Nº 162653
ASTI SPUMANTE
In Piemonte, sulle colline delle Langhe e del Monferrato, dure, difficili e avare, nasce Asti D.O.C. Nasce dall'uva moscato bianco che, solo qui, ha quel sapore unico e irripetibile, nasce dalla fatica dell'uomo vignaiolo, da un'esperienza enologica antichissima.
Prima di essere imbottigliato, Asti D.O.C. viene analizzato, assaggiato e, solo se è riconosciuto perfetto, viene autenticato e numerato dal Consorzio dell'Asti Spumante d'intesa con la Regione Piemonte. Il Consorzio dell'Asti Spumante è l'ente che riunisce i più importanti produttori.
ASTI D.O.C. AUTENTICATO: UNICO E IRRIPETIBILE

Rasierwasser	la lozione dopobarba
Reinigungskrem	il latte detergente
Reisenecessaire	il necessaire da viạggio
Schere	le fọrbici *f*
Schwamm	spugna
Seife	il sapone
Shampoo	lo shampoo
Sonnenöl	ọlio solare
Spiegel	spẹcchio
Tampons	i tamponi
Toilettenpapier	carta igiẹnica
Waschlappen	guanto spugna
Watte	il cotone idrọfilo
Zahn/bürste	spazzolino da denti
-pasta	pasta dentifrịcia

Wortliste Nahrungsmittel

Äpfel	le mele
Apfelsinen	le arance
Aprikosen	le albicocche
Auberginen	le melanzane
Bananen	le banane
Bier	birra
Birnen	le pere
Brot	il pane
Brötchen	panino
belegte Brötchen	panini imbottiti
Butter	burro
Eier	le uọva
Erdbeeren	le frạgole
Feigen	i fichi
Gurken	cetriọli
Honigmelone	il melone
Joghurt	lo iọgurt
Kaffee	il caffè
Käse	formạggio
Kekse	i biscotti
Kirschen	le ciliegie
Konserven	le conserve
Kuchen	torta, il dolce

Limonade	limonata
Mandarinen	i mandarini
Milch	il latte
Oliven	le olive
Orangensaft	succo d'arạncia
Pfirsiche	le pesche
Pflaumen	le susine
Salami	il salame
Salat	insalata
Salz	il sale
Schinken	prosciutto
— gekocht	— cotto
— roh	— crudo
Schokolade	cioccolato
Senf	la sẹnape
Suppe	minestra
Tee	il tè
Tomaten	i pomodori
Wassermelone	il cocomero/l'anguria *f*
Wein	vino
rot	rosso
weiß	bianco
Weintrauben	l'uva *f*
Würstchen	le salsicce
Zitronen	i limoni
Zucker	zụcchero

13 Beim Friseur
Dal parrucchiẹre

Damenfriseur	Parrucchiere per signora
Können Sie mir einen guten Friseur empfehlen?	Mi può consigliare un buon parrucchiẹre?
Kann ich mich für morgen anmelden?	Posso prẹndere un appuntamento per domani?
• Wie hätten Sie gern Ihr Haar?	Come desịdera i capelli?
Waschen und legen, bitte.	Shampoo e messa in piẹga.
Waschen und fönen, bitte.	Lavare e asciugare col fono.
Ich möchte eine Dauerwelle.	Vorrei una permanente.
Ich möchte mir die Haare färben/tönen lassen.	Vorrei farmi tịngere i capelli.

Schneiden, bitte.	Tagliare, per favore.
Etwas kürzer.	Un po' più corti.
Nur die Spitzen.	Solo le punte.
An den Seiten.	Ai lati.
Bitte etwas toupieren.	Me li cotoni, per favore.
Bitte kein/nur wenig Haarspray.	Niente lacca/Poca lacca, per favore.
Können Sie mir Maniküre machen?	Mi può fare le mani?
Vielen Dank. So ist es gut.	Grazie. Va bene così.

Herrenfriseur / Parrucchiere per uomo/barbiere

Haareschneiden (und Rasieren), bitte.	Capelli (e barba), per favore.
Lassen Sie es bitte lang.	Li lasci lunghi, per favore.
Nicht zu kurz/Ganz kurz, bitte.	Non troppo corti/Molto corti, per favore.
	Tagli un po'
Hinten	di diẹtro
Vorn	davanti
Oben	sopra
An den Seiten	ai lati.
etwas wegnehmen.	
Einen Messerschnitt, bitte.	Taglio col rasọio, per favore.
Nehmen Sie hier bitte noch etwas mehr weg.	Tagli ancora un po' qui.
Den Scheitel, links/rechts, bitte.	Fạccia la riga a sinistra/a destra, per favore.
Ja danke, es ist gut so.	Grazie, così va bene.
Wieviel macht es?	Quanto è?

Wortliste Friseur

Bart	barba
bleichen	ossigenare
Dauerwelle	la permanente
färben	tịngere
frisieren, sich	pettinarsi
Frisur	pettinatura
Haar	i capelli
-schnitt	tạglio
-spray	lacca
-teil	il toupet
-wasser	la lozione
kämmen	pettinare
Koteletten	le basette
legen	mẹttere in piega
Locken	i ricci
Maniküre	la manicure
Massage	massạggio
Messerschnitt	tạglio col rasọio
Nacken	nuca
Perücke	parrucca
sich rasieren lassen	farsi fare la barba
Scheitel	riga
schneiden	tagliare
Schnurrbart	i baffi
stutzen	tagliare, spuntare
tönen	tịngere
toupieren	cotonare
Trockenhaube	casco
waschen und fönen	lavạre e asciugare col fono
waschen und legen	shampoo e messa in piega
Wasserwelle	messa in piega

14 Krankheit
Malattia

In der Apotheke	In farmacịa
Wo ist die nächste Apotheke (mit Nachtdienst)?	Dov'è la più vicina farmacịa (di turno)?
Ich möchte ...	Vorrei ...
Geben Sie mir bitte etwas gegen ...	Mi dia qualcosa contro ...
Dieses Mittel ist rezeptpflichtig.	Ci vuọle una ricetta per questa medicina.
Kann ich darauf warten?	Posso aspettare?
Wann kann ich es abholen?	Quando posso venire a prẹnderla?

Beim Arzt	**Dal mẹdico**
Können Sie mir einen guten ... empfehlen?	Mi può raccomandare un buon
Arzt	mẹdico?
Augenarzt	oculista?
Frauenarzt	ginecọlogo?
Hals-Nasen-Ohren-Arzt	otorinolaringoiạtra?
Hautarzt	dermatọlogo?
Internisten	internista?
Kinderarzt	pediatra?
Nervenarzt	neurọlogo?
Praktischen Arzt	mẹdico genẹrico?
Urologen	urọlogo?
Zahnarzt	dentista?
Wo ist seine Praxis?	Dov'è il suo ambulatorio?
Wann hat er Sprechstunde?	Quando riceve?
Ich fühle mich nicht wohl.	Non mi sento bene.
Ich bin stark erkältet.	Sono molto raffreddato/a.
Ich habe hier Schmerzen.	Ho dei dolori qui.
Ich habe mich verletzt.	Mi sono fatto/a male.
Ich bin gestochen/gebissen worden.	Sono stato punto/a/morso/a.
Ich habe mir den Magen verdorben.	Ho fatto un'indigestione.
Ich habe keinen Appetit.	Non ho appetito.
Ich habe Durchfall/Verstopfung.	Soffro di diarrẹa/costipazione.
Ich vertrage das Essen/die Hitze nicht.	Digerisco male./Non sopporto il caldo.
Mir ist oft schlecht/schwindelig.	Spesso mi sento male/mi gira il capo.
Ich kann nicht schlafen.	Non riesco a dormire.

Ich kann den Arm/das Bein nicht bewegen.	Non posso muọvere il brạccio/la gamba.
Ich bin gestürzt.	Sono caduto/a.
Das Bein ist geschwollen.	La gamba è gọnfia.
Ich glaube, ich habe mir den Fuß gebrochen/verstaucht.	Credo di avẹr il piẹde rotto/slogato.
Ich habe Kopfschmerzen Halsschmerzen. Husten.	Ho mal di testa. mal di gola. la tosse.
Können Sie mir bitte etwas geben/verschreiben?	Mi può dare/prescrịvere qualcosa?
Ich bin Diabetiker.	Sono diabẹtico.
Ich erwarte ein Baby.	Sono incinta.
Können Sie mir bitte ein ärztliches Attest ausstellen?	Mi può rilasciạre un certificato mẹdico?
● Was für Beschwerden haben Sie?	Che disturbi ha?
● Wo tut es weh?	Dove fa male?
● Machen Sie sich bitte frei.	Si spogli, per favore.
● Tut es hier weh?	Fa male qui?
● Atmen Sie tief. Atem anhalten, bitte.	Respiri profondamente. Trattenga il respiro, per favore.
● Öffnen Sie den Mund.	Apra la bocca.
● Zeigen Sie die Zunge.	Mi fạccia vedere la lịngua.
● Husten, bitte.	Tossisca.
● Wie lange fühlen Sie sich schon so?	Da quanto tempo si sente male?
● Wie ist Ihr Schlaf?	Riesce a dormire?
● Haben Sie Appetit?	Ha appetito?

• Sie müssen geröntgt werden.	Bisogna fare una radiografịa.
• Ich muß Sie an einen Facharzt überweisen.	La mando da uno specialista.
• Sie müssen operiert werden.	Deve farsi operare.
• Sie brauchen ein paar Tage Bettruhe.	Deve stare a letto per qualche giorno
• Sie dürfen nicht soviel rauchen/trinken.	Non deve fumare/bere tanto.
• Es ist nichts Ernstes.	Non è niẹnte di grave.
• Ich werde Ihnen etwas verschreiben.	Le do una ricetta.
• Nehmen Sie dreimal täglich 1 Tablette (15 Tropfen) vor (nach) dem Essen.	Prenda tre volte al giorno una compressa (quịndici gocce) prima dei (dopo i) pasti.
• Nehmen Sie eine Tablette vor dem Schlafengehen.	Prenda una compressa prima di andare a letto.

Im Krankenhaus	**In ospedale**
Schwester, verständigen Sie bitte meine Familie. Hier ist die Anschrift.	Infermiera, informi la mia famịglia, per favore. Ecco l'indirizzo.
Wie lange muß ich hier bleiben?	Per quanto tempo devo stare qui?
Ich kann nicht einschlafen. Geben Sie mir bitte eine Schmerztablette/Schlaftablette.	Non riẹsco ad addormentarmi. Per favore mi dịa un analgẹsico/un sonnịfero.
Wann darf ich aufstehen/ausgehen?	Quando potrò alzarmi/uscire?
Geben Sie mir bitte eine Bescheinigung über die Dauer des Krankenhausaufenthalts mit Diagnose.	Per favore, mi rilasci un certificato con la durata della degenza ospedaliẹra e la dịagnosi.

Beim Zahnarzt	**Dal dentista**
Ich habe Zahnschmerzen.	Ho mal di denti.
Dieser Zahn (oben/unten/vorn/hinten) tut weh.	Questo dente (di sopra/di sotto/davanti/in fondo) fa male.
Ich habe eine Füllung verloren.	La piombatura è andata via.
Mir ist ein Zahn abgebrochen.	Mi si è rotto un dente.
Können Sie ihn plombieren?	Me lo può piombare?
• Ich muß ihn ziehen.	Devo estrarlo.
• Dieser Zahn muß eine Krone bekommen.	A questo dente bisogna fare una corona.
• Ich behandle ihn nur provisorisch.	Faccio soltanto un trattamento provvisorio.
• Bitte gut spülen.	Si sciacqui la bocca.
Können Sie diese Prothese reparieren?	Mi può riparare questa prọtesi?
• Kommen Sie in zwei Tagen bitte nochmal zum Nachsehen.	Torni fra due giọrni per il controllo.
• Suchen Sie dann zu Hause gleich Ihren Zahnarzt auf.	Quando torna a casa, vada sụbito dal Suo dentista.

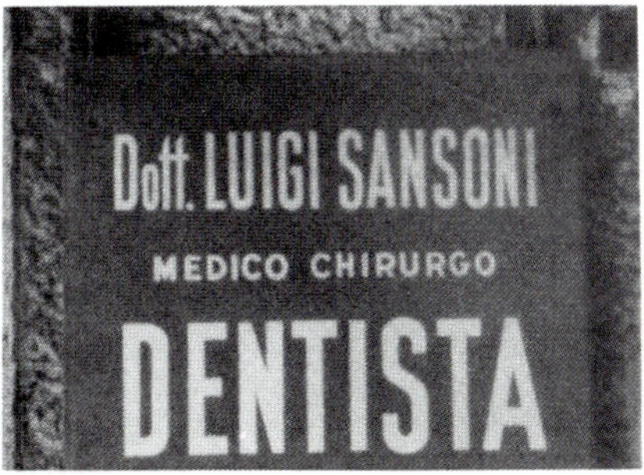

Wortliste Krankheit

Abszeß	ascesso
Ader	vena
Allergie	allergịa
Anfall	attacco
ansteckend	contagiọso
Ansteckung	contạgio
Appetitlosigkeit	mancanza d'appetito, inappetenza
Arm	brạccio
Asthma	l'asma *m/f*
Atembeschwerden	difficoltà di respirazione
atmen	respirare
Augen	gli occhi
-entzündung	l'infiammazione *f* agli occhi
Ausschlag	l'eczema *m*
Bauch	il ventre
Behandlung, ärztliche	cura mẹdica
Bein	gamba
Besuchszeit	orạrio di vịsita
Blähungen	flatulenza
Blase	vescica
Blinddarm	l'appendice *f*
-entzündung	l'appendicite *f*
Blut	il sạngue
-druck	la pressione sanguịgna
-en	sanguinare
-probe	l'esame *m* del sạngue
-transfusion	la trasfusione del sạngue
-ung	emorragịa
-vergiftung	setticemịa
Brechreiz	nạusea
Bruch	(Leisten-) l'ernia; (Knochen-) frattura
Brust	petto
-korb	cassa torạcica
Chirurg	chirurgo
Cholera	il colera
Darm	intestino
desinfizieren	disinfettare
Diagnose	la diạgnosi
Diät	il regime, la diẹta
Diphtherie	la difterite

Drüse	ghiạndola
Durchfall	diarrẹa
durchleuchten	fare una radiografịa
Eiter	il pus
eitern	fare pus
Ellbogen	gọmito
Entzündung	l'infiammazione *f*
erbrechen, sich	vomitare
erkälten, sich	prẹndere freddo, raffreddarsi
Erkältung	il raffreddore
Facharzt	lo specialista
Ferse	calcagno
Fieber	la febbre
Finger	dito
Füllung (Zahn)	piombatura
Fuß	il piẹde
Gallenblase	la cistifẹllea
gebrochen	rotto
Gehirn	cervello
-erschütterung	la commozione cerebrale
-schlag	apoplessịa cerebrale
Gehör	udito
Gelbsucht	itterịzia
Gelenk	l'articolazione *f*
Handgelenk	polso
Geschlechtskrankheit	malattịa venẹrea
geschwollen	gọnfio
Geschwulst	il tumore
Geschwür	ụlcera
Gesicht	fạccia
Glieder	le membra
Grippe	influenza
Hals	collo; (Kehle) gola
-schmerzen	il mal di gola
Haut	la pelle
-krankheit	malattịa della pelle
heiser sein	avere la voce rauca
Herz	il cuore
-anfall	attacco cardịaco
-fehler	difetto cardịaco
-infarkt	infarto
-klopfen	le palpitazioni

Herzspezialist	cardiọlogo
Heuschnupfen	il raffreddore da fiẹno
Höhensonne	lạmpada solare
Hüfte	anca
Hühnerauge	callo
Husten	la tosse
impfen	vaccinare
Infektion	l'infezione *f*
Ischias	sciạtica
Karies	la cạrie
Keuchhusten	la pertosse
Kiefer	mascella
Kinderlähmung	la polio(mielite)
Knie	ginọcchio
Knöchel	mallẹolo; (Hand) nocella
Knochen	osso
-bruch	frattura
Kopf	testa
-schmerzen	il mal di testa
Krampf	crampo
krank	malato
Krank/enschwester	infermiẹra
-heit	malattịa
Krebs	cancro
Kreislaufstörung	disturbi circolatori
Krone	corona
Kurzsichtigkeit	miopịa
Lähmung	la parạlisi
Lebensmittelvergiftung	l'intossicazione *f* da alimenti
Leber	fẹgato
Lunge	il polmone
Lungenentzündung	la polmonite
Magen	stọmaco
-schmerzen	il mal di stọmaco
Mandelentzündung	la tonsillite
Mandeln	le tonsille
Masern	morbillo
Menstruation	la mestruazione
Migräne	l'emicrania
Mittelohrentzündung	l'otite *f*
Mumps	gli orecchioni
Mund	bocca

Muskel	mụscolo
Nachtschwester	infermiera notturna
Narkose	anestesịa
Nase	naso
-nbluten	emorragịa nasale
Nerven	i nervi
nervös	nervoso
Niere	il rene
-nentzündung	la nefrite
Ohnmacht	svenimento
Ohr	orẹcchio
Operation	l'operazione *f*
Plombe	piombatura
Pocken	vaiọlo
Puls	polso
Quetschung	la contusione
Rezept	ricetta
Rheuma	i reumatismi
Rippe	cọstola
Röntgenaufnahme	radiografịa
Röteln	rosolịa
Rücken	schiẹna
Rückgrat	spina dorsale, colonna vertebrale
Schädel	crạnio
Scharlach	scarlattina
Schenkel	cọscia
Schiene	stecca
Schlaflosigkeit	insọnnia
Schlaganfall	colpo apoplẹttico
Schlüsselbein	clavịcola
Schmerzen	i dolori
Schnittwunde	ferita da tạglio
Schnupfen	il raffreddore
Schulter	spalla
Schüttelfrost	i brịvidi
Schwangerschaft	gravidanza
Schweiß	il sudore
Schwellung	il gonfiore, la tumefazione
Schwindel	le vertịgini
schwitzen	sudare
Sehnenzerrung	stiramento

Seitenstechen	le fitte al fianco
Sonnen/brand	scottatura (solare)
-stich	colpo di sole
Spritze	l'iniezione *f*
Station	reparto
Stich	punto
Stirnhöhlenentzündung	la sinusite
Stuhlgang	l'evacuazione *f*
Tetanus	tẹtano
Trommelfell	membrana del tịmpano
Typhus	tifo
Übelkeit	nạusea
Unterleib	l'addome *m*
Untersuchung	l'esame *m*
Urin	urina
verbinden	fasciare
Verbrennung	l'ustione *f*
Verdauung	la digestione
-sstörung	l'indigestione *f*
Vergiftung	avvelenamento
verletzen	ferire
Verletzung	ferita
Verordnung	la prescrizione
Verrenkung	slogatura
verschreiben	prescrịvere
verstaucht	slogato
Verstopfung	la costipazione, stitichezza
weh tun	far male
Windpocken	varicella
Wirbelsäule	spina dorsale, colonna vertebrale
Wunde	ferita
Zahn	il dente
-fleisch	gengiva
-schmerzen	il mal di denti
Zehe	dito del piẹde
ziehen (Zahn)	cavare, tọgliere
Zuckerkrankheit	il diabete
Zunge	lịngua

Wortliste Medikamente

Abführmittel	lassativo
Alkohol	l'ạlco(o)l *m*
Antibabypillen	le pịllole anticoncezionali
Aspirin	aspirina
Augentropfen	le gocce per gli occhi, collịrio
äußerlich	per uso esterno
Beruhigungsmittel	il calmante
Binde	fạscia
Brandsalbe	pomata per le scottature
Damenbinden	gli assorbenti
Desinfektionsmittel	il disinfettante
Einreibemittel	unguento, pomata

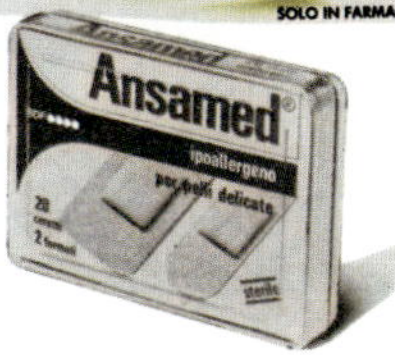

Elastikbinde	benda elastica
vor dem Essen	prima dei pasti
nach dem Essen	dopo i pasti
Fieberthermometer	termọmetro
Gegengift	antịdoto
Glyzerin	glicerina
Gurgelwasser	soluzione per gargarismi
Heftpflaster	cerotto
Hustensaft	sciroppo (contro la tosse)
innerlich	per uso interno
Insektenmittel	l'insetticida *m*
Jod(tinktur)	tintura di iọdio
Kamillentee	camomilla
Kopfschmerztabletten	le compresse contro il mal di testa
Kreislaufmittel	medicamento per la circolazione del sangue
auf nüchternen Magen	a stọmaco vuọto
Magentropfen	le gocce digestive
Mittel	medicina
Mullbinde	fạscia di garza
Ohrentropfen	le gocce per gli orẹcchi
Pfefferminze	menta
Pflaster	cerotto
Pillen	le pịllole
Präservativ	preservativo
Puder	borotalco
Salbe	pomata
Schlaftabletten	i sonnịferi
Schmerztabletten	le compresse contro il dolore
Schnellverband	fasciatura provvisoria
Tablette	compressa
Traubenzucker	glucọsio
Tropfen	le gocce
Verbandszeug	il materiale di pronto soccorso
Vitamintabletten	le compresse vitamịniche
Watte	il cotone idrọfilo
Zäpfchen	supposta

Wörterbuch Italienisch – Deutsch

Im Italienischen liegt der Hauptton in der Regel auf der vorletzten Silbe. Abweichungen werden in diesem Wörterbuch durch einen Punkt unter dem betonten Vokal angegeben.

A

a an; *(Richtung Sachen)* zu; **a Bologna** nach Bologna; **a piacere** nach Belieben; **a tạvola** bei Tisch; **a te** dir
abbandonare verlassen
abbassare *(Preise)* herabsetzen
abbastanza ziemlich
abbigliamento Kleidung
abbracciare umarmen
abbreviazione *f* Abkürzung
abbronzato *(gebräunt)* braun
ạbile geschickt
abitante wohnhaft; *m/f* Bewohner/in, Einwohner/in
abitare wohnen
ạbito Anzug, Kleid
abituạle üblich
abituarsi s. gewöhnen (*a* an)
abituato gewöhnt; **essere abituato** gewöhnt sein (*a* an)
abitụdine *f* Gewohnheit
abusare mißbrauchen (*di qc* etw)
abuso Mißbrauch
accadere s. ereignen
accelerare beschleunigen
accẹndere anzünden; *(Licht)* anmachen
accendino Feuerzeug
accento Betonung; Akzent
accesso Zugang
accettare annehmen; *(Einladung)* zusagen
accettazione *f* Annahme
accogliẹnte gemütlich; **poco accogliẹnte** ungemütlich
accoglienza *(Empfang)* Aufnahme
accompagnare begleiten
acconsentire einwilligen (*a* in); zustimmen
accordarsi vereinbaren (*su qc* etw)
accordo Einverständnis; **d'accordo!** einverstanden! **ẹssere d'accordo** einig sein
accorgersi bemerken (*di qc* etw)
accuratezza Sorgfalt
accurato sorgfältig
ạcido sauer
acqua Wasser
acuto *(Geruch)* scharf
adatto geeignet (*a* zu), richtig
addormentarsi einschlafen
aderire zustimmen (*a qc* etw)
adoperare verwenden
Adriạtico Adria
aerare lüften
affamato hungrig
affare *m (Handel)* Geschäft
affermare behaupten
afferrare ergreifen
affittare vermieten; mieten
affitto Miete
affollato überfüllt
affrancare frankieren
affrancatura Porto
affrettarsi s. beeilen
agenzia Agentur; **agenzia di viaggi** Reisebüro
aggiụngere hinzufügen
aggressione *f* Überfall
agire handeln
agitato unruhig; *(Meer)* bewegt
ago Nadel
aiutare helfen (*qlc* jdm)
aiụto Hilfe; Unterstützung; **essere d'aiụto** behilflich sein (*a qlc* jdm)
alba *(am Morgen)* Dämmerung; **all'alba** bei Sonnenaufgang
ạlbero Baum
alcool Alkohol; Spiritus
alcune einige
alcuni einige; ein paar
alimentari *m pl* Lebensmittel

alimentazione *f* Ernährung
alimento Nahrungsmittel
alla posta auf die/der Post
alle *(Zeitangabe)* um
allegato *(Brief)* Anlage
allegro lustig, froh; **essere un po' allegro** *(leicht)* betrunken sein
allora damals; *(Zeit)* da
allungare verlängern
alt! halt!
altezza Höhe
alto hoch; *(Statur)* groß
altoparlante *m* Lautsprecher
altrimenti sonst
altro andere; **dall'altra parte** drüben; **l'altro giorno** neulich: **l'altroieri** vorgestern; **un'altra volta** ein andermal; **un altro** ein anderer
altrove anderswo
alzare heben; *(Preise)* heraufsetzen
alzarsi aufstehen
amare lieben
amaro bitter
ambasciạta *(dipl. Vertretung)* Botschaft
ambiente *m* Umwelt
amica Freundin
amichẹvole freundlich
amicizia Freundschaft; **essere in amicizia** befreundet sein (*con* mit)
amico Freund
ammalarsi krank werden
ammesso zulässig
amministrazione *f* Verwaltung
ammirare bewundern
ammobiliare möblieren
amore *m* Liebe
ạmpio *(Gegenteil von eng)* weit
anche auch
ancora noch; **ancora una volta** *(noch einmal)* wieder
andare gehen; fahren; reisen; **andare a bordo** an Bord gehen; **andare a letto** ins Bett gehen; **andare a male** *(schlecht werden)* verderben; **andare a prẹndere** abholen; **andare avanti** vorwärtsgehen; vorgehen; **andar bene** passen; **andare diritto** geradeaus gehen; **andạr via** weggehen
anello Ring
ạngolo Ecke; Winkel
animale *m* Tier
anno Jahr; **l'anno scorso** letztes Jahr
annuale jährlich
annunciare anmelden
annụncio Anzeige; Inserat
antichità *f pl* Antiquitäten
antịcipo Vorschuß; **in anticipo** im voraus
antico antik; *(aus früheren Zeiten)* alt
antipasto Vorspeise
anzi vielmehr
anzitutto vor allem
aperto auf; offen, geöffnet; **all'aperto** im Freien
apparẹcchio Apparat; **apparẹcchio rạdio** Radioapparat
apparentemente anscheinend
apparenza *(Anschein)* Schein
apparire erscheinen
appartamento Wohnung; **appartamento ammobiliato** möblierte Wohnung
appartenere gehören
appena kaum
appẹndere aufhängen, hängen
applauso Beifall
applicare *(Gesetz)* anwenden
appọggio Unterstützung
apposta extra; absichtlich
appuntamento Verabredung
aprire aufmachen, öffnen
apriscạtole *m* Dosenöffner, Büchsenöffner
argento Silber
argomento Gesprächsgegenstand; Argument
ạria Luft
arnese *m* Werkzeug
arrabbiarsi s. ärgern (*per* über); wütend werden
arrabbiato wütend; *(verärgert)* böse
arrivare ankommen, eintreffen
arrivo Ankunft
arrostire braten
arrosto Braten
arte *f* Kunst
artịcolo Artikel
artista *m/f* Künstler/in
ascensore *m* Fahrstuhl, Aufzug
asciugamano Handtuch
asciugare trocknen
asciụtto trocken

?

ascoltare zuhören (*qlc* jdm)
aspettare erwarten; warten
aspetto Aussehen; **avere l' aspetto** aussehen (*di* wie)
assaggiare *(Speisen)* probieren, versuchen
assegno Scheck
assente abwesend
assicurare versichern
assicurazione *f* Versicherung
associazione *f* Verein
assolutamente *(adv)* unbedingt
assomigliare gleichen (*a qlc* jdm)
attento aufmerksam; vorsichtig
attenzione! Vorsicht! Achtung!
atterraggio Landung
atterrare landen
attestato *(Bescheinigung)* Zeugnis
attività Tätigkeit
attraverso quer; *(quer)* durch
attualmente zur Zeit
auguri *m pl* Glückwünsche
aumentare *(Preise)* erhöhen; *(anwachsen)* zunehmen
Ạustria Österreich
austrịaca Österreicherin
austrịaco Österreicher
autẹntico echt
autista *m* Chauffeur, Fahrer
auto *f* Auto, Wagen
automạtico automatisch
autorità pụbblica *f* Behörde
autorizzato berechtigt
autunno Herbst
avanti! herein! vorwärts!
avanzi *m pl* Reste
avere haben; **avẹr bisogno** brauchen (*di qc/qlc* etw/jdn); benötigen; **avẹr freddo** frieren; **avẹr fretta** es eilig haben; **aver l'aspetto** aussehen; **avẹr luọgo** stattfinden; **avẹr paụra** s. fürchten (*di* vor); **avẹr ragiọne** recht haben; **avẹr torto** unrecht haben; **avere un incidente** verunglücken
avvenimento Ereignis
avvertire benachrichtigen; warnen (*di* vor)
avvicinarsi s. nähern
avvocato Anwalt, Rechtsanwalt
azione *f* Tat
azzurro blau

B

baciare küssen
bạcio Kuß
bagạglio Gepäck; **bagạglio a mano** Handgepäck
bagnato naß
bagno Bad
bạita *(Alpenhütte)* Hütte
ballare tanzen
ballo Tanz; *(Fest)* Ball
bambino Kind
banca Bank
banconọta Geldschein, Schein
banda (musicale) Musikkapelle
barạttolo Büchse
barca Boot, Kahn
barzelletta Witz
basso niedrig, tief; *(Statur)* klein; **a bassa voce** leise
bastare (aus)reichen
bastone *m* Stock
belga *m f* Belgier/in
Bẹlgio *m* Belgien
bellezza Schönheit
bellino hübsch
bello schön
benché obwohl
bene *(adv)* gut, wohl; *m* Wohl
benestante wohlhabend
benẹvolo wohlwollend
benvenuto willkommen
benzina Benzin
bere trinken
berretto Mütze
bevanda Getränk
biancherịa *(Bett, Leib, Tisch)* Wäsche; **biancherịa ịntima** Unterwäsche; **biancherịa (per il letto)** Bettwäsche
bịanco weiß
bicchiẹre *m* (Trink)glas

bicicletta Fahrrad, Rad
bigliettạio *(Straßenbahn, Bus)* Schaffner
biglietto Eintrittskarte; Fahrkarte
bilạncia Waage
binạrio Gleis
biọndo blond
birra Bier
bisogno Bedürfnis; **avẹr bisogno** benötigen (*di qc* etw); brauchen
bisticciarsi s. zanken
bocca Mund
bollettino meteorolọgico Wetterbericht
bollire *(Wasser)* kochen
borsa Tasche, Handtasche, Beutel
borsaiọlo Taschendieb
bosco Wald
bottiglia Flasche
bottone *m* Knopf
bracciale *m* Armband
brạccio Arm
bravo tüchtig
breve *(zeitlich)* kurz; **a breve scadenza** kurzfristig
brillante glänzend; leuchtend
brillare glänzen
bruciare verbrennen, brennen
brutto häßlich; schlecht, übel
bucato *(zum Waschen)* Wäsche
buccia Schale, Haut
buco Loch
bugia Lüge
buono *(adj)* gut; *m* Gutschein; **buona fortuna!** viel Glück!
burro Butter
bus *m* Bus
bussare *(an die Tür)* klopfen
bụssola Kompaß
busta Briefumschlag

C

cabina Kabine; **cabina telefọnica** Telefonzelle
cadere fallen, stürzen
caduta Sturz
caffè *m* Kaffee; Café
cạlcio Fußball
calcolare rechnen; berechnen
caldo warm; heiß; *m* Hitze
calore *m* Wärme
calzolạio Schuhmacher, Schuster
calzoni *m pl* Hose
cambiamento Veränderung
cambiare ändern, verändern; *(Geld)* wechseln; tauschen, umtauschen; umsteigen; **cambiare casa** umziehen; **cambiarsi** s. umziehen
cạmbio Wechsel; Geldwechsel; Wechselkurs
camicia Hemd
cạmera Zimmer; **cạmera da letto** Schlafzimmer
camerịera Kellnerin
camerịere *m* Kellner
cạmion *m* Lastwagen
camminare *(zu Fuß)* gehen
campana Glocke
campanello Klingel
campanile *m* Kirchturm
campeggiare zelten
campẹggio Zeltplatz; Camping
camping *m* Camping
campione *m (Probe)* Muster
campo Feld; **campo da gioco** Spielplatz; **campo da golf** Golfplatz; **campo da tennis** Tennisplatz; **campo sportivo** Sportplatz
cancello Gitter
candela Kerze
cane *m* Hund
cantare singen
canto Gesang
canzone *f* Lied
capace tüchtig; fähig; **essere capace** imstande sein (*di* zu)
capanna Hütte
capelli *m pl* Haar(e)
capire verstehen
capitale *f* Hauptstadt
capitano Kapitän
capo Kopf; Chef
capodanno Neujahr
capolịnea *m* Endstation
capoluọgo Hauptstadt

?

cappella *(Gebäude)* Kapelle

cappello Hut

cappotto Mantel

carbone *m* Kohle

caricare aufladen

carne *f* Fleisch

caro lieb, liebenswürdig; teuer; **non caro** billig

carta Papier; **carta da lẹttere** Briefpapier; **carta d'identità** Personalausweis; **carta geografica** Landkarte; **carta igiẹnica** Toilettenpapier

cartella Mappe

cartolina Karte; **cartolina illustrata** Ansichtskarte; **cartolina postale** Postkarte

casa Haus; **casa di campagna** Landhaus; **a casa** daheim

caso *(Vorfall)* Fall; **caso (fortụito)** Zufall; **in caso di bisogno** im Notfall; **per caso** zufällig

casomai falls

cassa Kasse; Kiste

cassetta postale Briefkasten

castello Burg; Schloß

catena Kette

cattivo schlecht, böse

causa Grund; Ursache; **a causa di** *(Grund)* aus, wegen; **per causa mia** meinetwegen, wegen mir

causare verursachen

cauto vorsichtig

cauzione *f* Kaution

cavallo Pferd

cavatappi *m* Korkenzieher

c'è es gibt

cedịbile übertragbar

celeste hellblau

cẹlibe *(Mann)* ledig

cena Abendessen

cento hundert; **cento volte** hundertmal

centrale zentral

centro Zentrum, Mitte

cerạmica Keramik; **cerạmiche** *f pl* Tonwaren

cercare suchen

certamente *(adv)* gewiß, sicher, bestimmt, selbstverständlich

certificare bescheinigen

certificato Bescheinigung, Zeugnis

certo *(adj, adv)* gewiß, bestimmt

cesto Korb

che daß; **che cosa** was

chi wer

chiamare rufen; nennen

chiamata Anruf

chiạro hell; klar; deutlich

chiạsso Lärm

chiave *f* Schlüssel

chiavistello Riegel

chiẹdere verlangen; fordern; bitten (*qc a qlc* jdn um etw); **chiẹdere consiglio** um Rat fragen (*a qlc* jdn); **chiedo scusa!** Ich bitte um Entschuldigung!

chiesa Kirche

chilogrammo Kilogramm

chilọmetro Kilometer

chiọdo Nagel

chiụdere schließen, zumachen; **chiụdere a chiave** ab-, zu-, verschließen

chiụnque *(prn)* jeder

chiụso geschlossen, zu

chiusura lampo Reißverschluß

ci uns

ci sono es gibt

ciascuno *(prn)* jeder

cibo Speise

cịeco blind

cielo Himmel

cima Gipfel, Spitze

cimitero Friedhof

cịnema *m* Kino

cịnghia Riemen

cintura Gürtel

cịpria Puder

circa ungefähr, etwa

circolare *(Verkehrsmittel)* verkehren; *f* Ringbahn

circostanze *f pl* Umstände

città Stadt

cittadinanza Staatsangehörigkeit

classe *f* Klasse

cliente *m* Kunde

cọgliere pflücken

cognata Schwägerin

cognato Schwager

cognome *m* Familienname

coincidenza *(Zug)* Anschluß

colazione *f* Frühstück

collana Halskette

cọllera Zorn; **in cọllera** zornig

collina Hügel

collo Hals

colonna Säule

colorato farbig

colore *m* Farbe; **a colori** bunt

colpa Schuld

colpire schlagen
colpo Schlag; Schuß
coltello Messer
come *(Vergleich, Frage)* wie; **come d'abitudine** wie gewöhnlich; **come scusi?** wie bitte? **come se** als ob
cominciare anfangen
commestịbile eßbar
commissariato Polizeiwache
commissione *f* Besorgung
commosso *(Gefühl)* bewegt
comodità Bequemlichkeit
cọmodo bequem
compaesano Landsmann
comparare vergleichen
comparazione *f* Vergleich
compassione *f* Mitleid
cọmpera Kauf
compleạnno Geburtstag
completamente *(adv)* vollständig, ganz
completo *(adj)* vollständig; **al completo** vollbesetzt
comportamento Benehmen
comprare kaufen
compratore *m* Käufer
compreso inbegriffen
comune *(adj)* gemeinsam; gewöhnlich
comunicare mitteilen
comunicazione *f* Mitteilung; *(tele)* Verbindung
con mit; *(Mittel)* durch; **con questo tempo** bei diesem Wetter
concẹdere gewähren
concernente betreffend
concerto Konzert
concorso Wettbewerb
condizione *f* Bedingung; Zustand
condoglianze *f pl* Beileid
conducente *m* Fahrer
condurre führen
conduttore *m (Zug)* Schaffner
conduttura *(Gas, Wasser)* Leitung
confermare bestätigen
confine *m* Grenze
confrontare vergleichen
confronto Vergleich
congratularsi gratulieren (*con qlc* jdm)
cọniugi *m pl* Ehepaar
conoscente *m/f* Bekannte, der, die
conoscenza *f* Kenntnis
conọscere kennen, kennenlernen
consegnare *(Gepäck)* aufgeben; übergeben
conservare aufbewahren
considerare *(ansehen als)* betrachten
considerẹvole beträchtlich
consigliare raten
consiglio Rat
consịstere bestehen (*in* aus)
consolato Konsulat
consultare konsultieren
consumare verbrauchen; verzehren
consumo Verbrauch
contadino Bauer
contare zählen
contatto Kontakt; Berührung
contemporạneo gleichzeitig
contenere enthalten
contento zufrieden, froh
contenuto Inhalt
continuare fortsetzen
conto Rechnung
contrạrio Gegenteil; **al contrạrio** im Gegenteil; **essere contrario** dagegen sein
contrattare handeln, feilschen
contrattempo Zwischenfall
contratto Vertrag
contro gegen
controllare prüfen, nachprüfen
controllore *m* Kontrolleur; *(Zug)* Schaffner
convento Kloster
conversare s. unterhalten
conversazione *f* Gespräch, Unterhaltung
conversione *f* Umrechnung
coperta Deck; *(Bett)* Decke; **coperta di lana** Wolldecke
coperto *(Wetter)* bedeckt, trüb
cọppia (Ehe)paar
coprire bedecken, zudecken
corda Seil
cordialità Herzlichkeit
cordialmente herzlich
corpo Körper
corpulento *(beleibt)* stark
corrẹggere *(Fehler)* verbessern
corrente *(adj) (Ausdruck)* gebräuchlich; **corrente (elettrica)** *f (el)* Strom; **corrente d'aria** *f* Luftzug
cọrrere laufen; rennen
corretto korrekt

corridoio *(Flur)* Gang
corrispondenza Briefwechsel
corrotto *(sittlich)* verdorben
corso Kurs; Hauptstraße
cortese höflich
cortesia Höflichkeit, Gefälligkeit
cortile *m* Hof
corto *(räumlich)* kurz
cosa Sache; Ding; was; **cosa è successo?** was ist geschehen? **per che cosa** wofür, weshalb
cosciente bewußt
coscienzioso gewissenhaft
cose (interessanti) da vedere *f pl* Sehenswürdigkeiten
così so; **così . . . come** genauso . . . wie; **cosi cosi** so lala
costa Küste
costare kosten
costituzione *f* Verfassung
costoso kostspielig
costringere zwingen
costruire bauen
cotone *m* Baumwolle; **cotone idrofilo** *m* Watte
cotto *(gekocht)* gar
credere glauben
credito Kredit
crepuscolo *(am Abend)* Dämmerung
crescere wachsen
cretino blöd(e)
cucchiaio Löffel
cucina Küche
cucinare kochen
cugina Kusine
cugino Vetter
cuoco Koch
cuoio Leder
cuore *m* Herz
cura Pflege; Behandlung
curare behandeln
curioso neugierig
curva Kurve
cuscino (Kopf)kissen
custodire aufbewahren

D

da von; *(Herkunft)* aus; *(Richtung Personen)* zu; seit; **da quando** seitdem; **da quando?** seit wann? **una lettera da Roma** ein Brief aus Rom
dabbasso unten
danneggiare beschädigen; schaden
danno Schaden; Beschädigung
dannoso schädlich
danza Tanz
danzare tanzen
dappertutto überall
dare geben; **dare delle indicazioni** Angaben machen; **dare la ricevuta** quittieren; **darsi appuntamento** s. verabreden
data Datum; **data di nascita** Geburtsdatum
davanti a *(räumlich)* vor
davvero (*adv*) wirklich
debito *(Geld)* Schuld
debole schwach
debolezza Schwäche
decidere entscheiden; beschließen; **decidersi** s. entschließen
decisione *f* Entschluß
deciso entschlossen; **essere deciso** entschlossen sein (*a* zu)
decollo *(Flugzeug)* Start
definitivamente *(adv)* endgültig
definitivo *(adj)* endgültig
delega Vollmacht
delicato zart, fein
delitto Verbrechen
deluso enttäuscht
denaro Geld; **denaro contante** Bargeld
dente *m* Zahn
dentifricio Zahnpasta
dentro in(nen), drin(nen)
denuncia *(bei der Polizei)* Anzeige
denunciare melden
depositare hinterlegen
deposito bagagli Gepäckaufbewahrung
descrivere beschreiben

?

descrizione *f* Beschreibung
desiderare wünschen
desidẹrio Wunsch
destinatạrio *(Post)* Empfänger
destra Rechte; **a destra** rechts
destro rechte(r, s)
dettaglio Einzelheit
deviazione *f* Umleitung
di von; *(Herkunft, Material)* aus; *(bei Vergleich)* als; **è di Roma** er ist aus Rom; **un vestito di seta** ein Kleid aus Seide
dichiarare erklären
diętro hinten
difẹndere verteidigen
difetto Mangel, Fehler; Defekt
differenza Unterschied
diffịcile schwer, schwierig
difficoltà Schwierigkeit
diffidare mißtrauen
diligente fleißig
dimagrire *(dünner werden)* abnehmen
dimenticare vergessen
diminuire *(weniger werden)* abnehmen
dintorni *m pl* Umgebung
Dio Gott
dipịngere malen
dire sagen
direttamente *(adv)* direkt
diretto *(adj)* direkt
direttore *m* Leiter, Direktor
direzione *f* Richtung; Direktion; **nella direzione opposta** in umgekehrter Richtung
diritto gerade; *m* Recht; **diritti doganali** *m pl* Zollgebühren
discesa Abstieg; Abhang; *(Ski)* Abfahrt; **in discesa** bergab
disco Schallplatte
discoteca Diskothek
disdire *(Fahr-, Flugkarten, Zimmer)* abbestellen
disegnare zeichnen
disfare (la valigia) auspacken
disgrạzia Unglück
disọrdine *m* Unordnung
disperato verzweifelt
dispiacere *m* Bedauern; bedauern, leid tun
dịsputa Streit
distanza Abstand
distịnguere unterscheiden; **distịnguersi** s. unterscheiden (*da* von)
distinto vornehm
distribuire verteilen
distributore automạtico *m (Waren)* Automat
distributore di benzina *m* Tankstelle
distribuzione *f* Verteilung
distrụggere zerstören
disturbare stören
disturbo Störung
dito Finger
ditta Firma
diventare werden
diversamente *(adv)* anders
diverso *(adj)* anders; verschieden
divertente unterhaltend; lustig
divertimento *(Vergnügen)* Unterhaltung, Spaß
divertirsi s. unterhalten, s. amüsieren
divịdere teilen (*con qlc* mit jdm); trennen
divięto Verbot
dọccia Dusche
documento Dokument
dogana Zoll
doganięre *m* Zollbeamter
dolce süß
dolore *m* Schmerz
doloroso schmerzhaft
domanda Frage; Bitte
domandare fragen
domani morgen; **domani mattina/sera** morgen früh/abend
domicilio Wohnsitz
donna Frau
dopo danach, nachher; *(prp)* nach
dọpodomạni übermorgen
dọppio *(adj)* doppelt
dormire schlafen
dottore *m* Doktor
dove wo; wohin; **da dove** woher
dovere müssen; sollen; schulden; *m* Pflicht
dozzina Dutzend
dụbbio Zweifel; **senza dụbbio** zweifellos; ohne Zweifel
dubitare zweifeln (*di* an)
duna Düne
dunque also
duọmo Dom
durante *(prp)* während
durare dauern; halten
durata Dauer
durezza Härte
duro hart

?

E

e und; **e così via** und so weiter
eccellente ausgezeichnet
eccẹtera und so weiter
eccetto außer
eccezione *f* Ausnahme
edịcola (dei giornali) Zeitungskiosk
edificio Gebäude
educazione *f* Erziehung
effetto Wirkung
efficace wirksam
egli er
elenco Verzeichnis; **elenco telefọnico** Telefonverzeichnis
elezioni *f pl* Wahlen
entrare eintreten; hineingehen
entrata Eintritt; Einfahrt
entro *(zeitlich)* innerhalb
entusiasta begeistert (*di* von)
equipạggio *(Schiff)* Mannschaft
equivalente gleichwertig; *m* Gegenwert
erroneamente aus Versehen
errore *m* Irrtum
esagerare übertreiben
esame *m* Prüfung
esaurito erschöpft
escluso ausgeschlossen
escursione *f* Ausflug
eseguire *(Arbeit)* ausführen
esẹmpio Beispiel; **per esẹmpio** zum Beispiel
esente da dạzio *(von Abgaben)* frei
esercitare üben, *(Beruf)* ausüben
esercizio Übung
esịgere *(fordern)* verlangen
esitare zögern
esperienza Erfahrung
esperto *(adj)* erfahren
esportazione *f* Ausfuhr
esposizione *f* Ausstellung
espressamente ausdrücklich
espressione *f* Ausdruck
ẹssere sein; **ẹssere abituato** gewöhnt sein (*a* an); **essere capace** imstande sein (*di* zu); **essere contrạrio** dagegen sein; **essere d'aiụto** behilflich sein (*a qlc* jdm); **ẹssere deciso** entschlossen sein; **essere favorẹvole** dafür sein; **ẹssere obbligato** verpflichtet sein; **essere presente** *(anwesend)* dasein; **ẹssere pubblicato** *(Buch)* erscheinen; **ẹssere un po'allegro** *(leicht)* betrunken sein; **ẹssere vạlido** gelten, gültig sein
Est *m* Osten
estate *f* Sommer
estẹndersi *(s. erstrecken)* reichen
esteriore äußere, äußerlich
esterno äußere, Außen ...
ẹstero ausländisch; *m* Ausland; **all'ẹstero** im/ins Ausland
estintore *m* Feuerlöscher
età Alter
Europa Europa
europẹa Europäerin
europẹo europäisch; *m* Europäer
evento Ereignis; **lieto evento** freudiges Ereignis
eventualmente *(adv)* eventuell
evidente *(adj)* offenbar
evidentemente *(adv)* offenbar
evitare vermeiden

F

fạbbrica Fabrik
faccenda Angelegenheit
facchino Gepäckträger
fạcile leicht
falso *(betrügerisch)* falsch; unecht
fame *f* Hunger
famiglia Familie
famoso berühmt
fango Schlamm; Schmutz
fare machen; tun; *(Kaffee, Tee)* kochen; **far benzina** tanken; **far fare** machen lassen; **far lezione** *(Schule)* unterrichten; **far male** weh tun, schmerzen; **far venire** kommen lassen; **far vịsita** besuchen (*a qlc* jdn); **fare attenzione** achtgeben (*a* auf); **fare gli auguri** gratulieren; **fare il bagno** baden; **fare la conoscenza** kennenlernen; **fare la fila** Schlange stehen; **fare la spesa** einkaufen; **fare le valigie** *pl f (Koffer)* packen **fare una passeggiata** einen Spaziergang machen
faticoso anstrengend
fatto Tatsache; Vorfall; **fatto a mano** handgemacht
fattoria Bauernhof
favore *m* Gefallen; Gefälligkeit; **a favore (di)** zugunsten (von); **per favore** bitte
favorẹvole günstig; **essere favorevole** dafür sein
fazzoletto Taschentuch; (Kopf)tuch
febbre *f* Fieber
fede *f* Glaube; Ehering
fẹlice glücklich
felicità Glück
fẹrie *f pl* Ferien, Urlaub; **in fẹrie** in (den/die) Ferien
ferita Verletzung
fermare anhalten
fermarsi stehenbleiben; halten
fermata Haltestelle; *(Zug)* Aufenthalt; **fermata del bus** Bushaltestelle
fermo fest
feroce wild
ferro Eisen; **ferro da stiro** Bügeleisen
fetta *(Brot)* Scheibe
figlia Tochter
figlio Sohn
fiamma Flamme
fiammịfero Streichholz
fidanzarsi s. verloben (*con* mit)
fidanzata Verlobte, die
fidanzato Verlobte, der
fidarsi vertrauen (*di* auf)
fidato zuverlässig
fidụcia Vertrauen
fila Reihe; **fare la fila** Schlange stehen
filiạle *f* Filiale
film *m (Kino)* Film
filo Faden; Draht
finale *m* Schluß, Finale; Endspiel
finalmente endlich
finché solange
fine fein; *f* Ende; **alla fine** am Ende; zuletzt
finestra Fenster
finire enden; beenden
finito *(vollendet)* fertig
fino a bis
finora bis jetzt
fiore *m* Blume
fiorire blühen
firma Unterschrift
firmare unterschreiben
fisso fest
fitto *(Nebel)* dicht
fiụme *m* Fluß, Strom
flash *m (Foto)* Blitz
flusso *(Meer)* Flut
fọglia *(Laub)* Blatt
fọglio *(Papier)* Blatt
folla Menschenmenge
fontana Brunnen
fonte *f (Quelle)* Brunnen
fọrbici *f pl* Schere
forchetta Gabel
foresta *(Hochwald)* Wald

forestiera Fremde, die
forestiẹro fremd; *m* Fremde, der
forma Form
formạggio Käse
formare bilden
formare il nụmero *(tele)* wählen
formulạrio Formular
fornello Herd, Kocher; **fornello a spịrito** Spirituskocher
fornire liefern
forse vielleicht
forte kräftig; stark; *(Geruch)* scharf
fortuna Glück
fortụnato glücklich
forza Kraft; Stärke
foto *f* Foto, Aufnahme
fotografia Foto
fotografare fotografieren, aufnehmen; knipsen
foulạrd *m* (Kopf)tuch
fra zwischen; unter; **fra l'altro** unter anderem; **fra una settimana** in einer Woche
frạgile zerbrechlich
fraintẹndere mißverstehen
francese französisch; *m/f* Franzose, Französin
Francia *f* Frankreich; **in Frạncia** in/nach Frankreich
francobollo Briefmarke
frase *f* Satz
fratello Bruder
frattanto inzwischen
freddo kalt; *m* Kälte
fresco frisch; kühl
fretta Eile; **in fretta** *(adv)* schnell
frettoloso eilig
frịggere *(in der Pfanne)* braten
frode *f (Handel)* Betrug
fronte *f* Stirn; **di fronte** gegenüber
frontiẹra Grenze
frutta Obst
fụlmine *m* Blitz
fumare rauchen
fumo Rauch
fungo Pilz
funzionare funktionieren
fuọco Feuer
fuori draußen; außen; **fuori moda** unmodern; **dal di fuọri** von außen
furbo schlau
furioso zornig
furto Diebstahl
futuro zukünftig; *m* Zukunft

G

gabinetto Toilette
galleria Galerie; Tunnel
gallo Hahn
gạncio Haken; **gancio (dell 'attaccapanni)** Kleiderhaken
garạge *m* Garage
garanzia Garantie
garọfano Nelke
gelato (Speise)eis
generale *(adj)* allgemein; **in generale** im allgemeinen
generalità *f pl* Personalien
genitori *m pl* Eltern
gente *f* Leute
gentile liebenswürdig; nett
gentilezza Liebenswürdigkeit; Freundlichkeit
gerente *m* Geschäftsführer
Germạnia *f* Deutschland
gettare werfen
getto d'acqua Wasserstrahl
ghiaccio Eis
già schon
giacere liegen
giallo gelb
giardino Garten; **giardino pụbblico** öffentlicher Park
giocare spielen
giocạttolo Spielzeug
giọco Spiel
giọia Freude
gioielliẹre *m* Juwelier
gioiẹlli *m pl* Schmuck
giornalạio Zeitungsverkäufer
giornale *m* Zeitung
giornaliero *(adj)* täglich
giornalista *m/f* Journalist/in
giornalmente *(adv)* täglich

giorno Tag; **giorno festivo** Feiertag; **nei giorni feriạli** werktags; **quindici giorni** vierzehn Tage
giọvane jung; *m/f* junger Mann, junges Mädchen; **giọvani** *m pl* Jugend, junge Leute
gioventù *f* Jugend
giradischi *m* Plattenspieler
girare drehen; herumgehen, -reisen
giro Rundfahrt; Umweg; Tour
gita Ausflug
giù unten; **in giù** abwärts
giudicare (be)urteilen
giụdice *m* Richter
giudizio Urteil
giusto gerecht; richtig
gọccia Tropfen
godere genießen
godimento Genuß
gola *(Kehle)* Hals
golfo Golf, Bucht
gonfiạre aufpumpen, -blasen
gọnfio geschwollen
grande groß
grandezza *(Ausdehnung, geistige)* Größe
grandioso großartig
grasso fett; dick
gratis gratis; kostenlos; umsonst
grato dankbar
grattaciẹlo Wolkenkratzer
gratụito *(gratis)* frei
grave *(Krankheit)* schwer
grazie danke; **grazie a Dio!** Gott sei Dank!
grazioso hübsch
gridare schreien
grigio grau
grosso dick; stark; groß
grossolano grob, derb
grotta Grotte
grụccia Kleiderbügel
gruppo Gruppe
guadagnare verdienen; gewinnen
guadagno Verdienst; Gewinn
guanto Handschuh
guardare (an)schauen, ansehen, betrachten; zuschauen; **guardarsi** s. hüten (*da* vor)
guardiano Wächter
guasto faul, verdorben; kaputt; *m* Schaden
guerra Krieg
guida Fremdenführer
guidare führen; Auto fahren
gusto Geschmack
gustoso schmackhaft

H

hostess *f* Stewardeß
hotẹl *m* Hotel

I

idẹa Idee; **non ne ho idẹa!** keine Ahnung!
iẹri gestern; **iẹri l'altro** vorgestern
illuminato beleuchtet
illustrazione *f (Abbildung)* Bild
imballaggio Verpackung
imballare verpacken
imbarcarsi s. einschiffen
imbarcazione *f* Boot
imbroglione *m* Schwindler
imbucare *(Briefe)* einwerfen, aufgeben
immediatamente *(adv)* unmittelbar, direkt
immediato *(adj)* unmittelbar

?

immẹrgersi tauchen
imparare lernen
imparentato verwandt
impedire hindern, verhindern
impegnare *(als Pfand)* versetzen
impermeạbile *m* Regenmantel
impianto Anlage
impiegare *(Zeit)* brauchen
impiegata Angestellte, die
impiegato Angestellte, der; **impiegato statale** Beamte, der
impiẹgo (An)stellung
importante wichtig, bedeutend; **poco importante** unwichtig
importanza Wichtigkeit, Bedeutung
importazione *f* Einfuhr
importo Betrag, Summe
impossịbile unmöglich
impreciso ungenau
impresa Unternehmen
impressione *f* Eindruck
improbạbile unwahrscheinlich
improvviso plötzlich; **d'improvviso** auf einmal
imprudente unvorsichtig
impugnatura Griff
in in; **in Francia** in/nach Frankreich; **in italiano** auf italienisch; **in viạggio** auf der Reise
inadatto ungeeignet
inaspettato unerwartet
incantato entzückt
incantẹvole bezaubernd, entzükkend
incapace unfähig
incẹndio Brand
incerto unsicher, ungewiß
incidente *m* Unfall
inclụdere einschließen
incompiụto unvollständig
incompleto unvollständig
incontrare begegnen; treffen
inconveniẹnte *m* Nachteil
incredịbile unglaublich
incrọcio Kreuzung
indecente unanständig
indecisọ unentschlossen
indennizzo Schadenersatz
indesiderato unerwünscht
indeterminato unbestimmt
indicare *(hinweisen)* zeigen
indicazione *f* Angabe; **dare delle indicazioni** Angaben machen
indiẹtro zurück; **all'indietro** rückwärts
indirizzare adressieren
indirizzo Adresse, Anschrift
indispensạbile unentbehrlich
indisposto unwohl
indịzio Anzeichen
indovinare *(erraten)* raten
inesperto unerfahren
inevitạbile unvermeidlich
infastidire belästigen
infatti in der Tat
infelice unglücklich
inferiore geringer
infermiẹra Krankenschwester
infiammạbile feuergefährlich
informare verständigen, unterrichten; **informarsi** s. erkundigen
informazione *f* Auskunft; Erkundigung
infortụnio Unfall
infuriato wütend
ingannare betrügen
inganno Betrug
Inghilterra England
ingiustizia Ungerechtigkeit
ingiusto ungerecht
inglese englisch; *m/f* Engländer/in
ingrassare *(dicker werden)* zunehmen
ingrato undankbar
ingresso Eintritt; Eingang; **vietato l' ingresso** Eintritt verboten!
iniziare beginnen
inizio Anfang, Beginn
innocente unschuldig
innọcuo unschädlich
inoltrare befördern; nachsenden
inoltre außerdem
inquietarsi s. beunruhigen
insalatiẹra (Salat)Schüssel
insegnante *m/f* Lehrer/in
insegnare lehren
insicuro unsicher
insiẹme *(adv)* zusammen, beisammen, gemeinsam
insịstere bestehen (*su* auf)
insọlito ungewöhnlich
insopportạbile unerträglich
insufficiente ungenügend

intelligente klug
intelligenza Verstand
intendersi s. verständigen
intenzione *f* Absicht; **avere l'intenzione** beabsichtigen
interamente *(adv)* ganz
interessante interessant

interessarsi s. interessieren (*di* für)
interesse *m* Interesse
interno das Innere
intẹrprete *m/f* Dolmetscher/in
interrọmpere unterbrechen
interruttore *m (el)* Schalter
interruzione *f* Unterbrechung
intorno a *(herum)* um
inụtile unnütz, nutzlos, zwecklos
invano vergeblich, umsonst
invece di statt, anstatt
inventare erfinden
inverno Winter
inverso umgekehrt
inviare senden
invitare einladen, auffordern
invito Einladung
involtare einwickeln
inzuppato durchnäßt
io ich
irregolare unregelmäßig
irrequiẹto unruhig
iscrịversi s. anmelden
ịsola Insel
istante *m* Augenblick, Moment
istituto Institut
Itạlia Italien
italiạna Italienerin
italiano italienisch; *m* Italiener; **in italiano** auf italienisch
itinerạrio Reiseroute

L

là da, dort; dorthin; **al di là** jenseits
labbro Lippe
ladro Dieb
laggiù dort unten, da unten
lago der See
lamentarsi s. beklagen (*di* über)
lạmpada Lampe
lampadina Glühbirne
lana Wolle
largo breit; weit
lasciare lassen, verlassen
lassù dort oben
lato Seite
latte *m* Milch
lavạbile waschbar; waschecht
lavanderia Wäscherei; **lavanderia a secco** Reinigung
lavare waschen
lavorare arbeiten
lavoro Arbeit
legare binden; verbinden
lẹggere lesen
leggero leicht
legna Brennholz
legno Holz
Lei Sie
lei sie
lentamente *(adv)* langsam
lento *(adj)* langsam
lẹttera Brief
letto Bett
lezione *f* Unterrichtsstunde
lì dort; dorthin
lịbero frei
libro Buch
lieto erfreut (*di* über)
lịnea *f* Linie; *(tele, el)* Leitung; *(Bahn)* Strecke
lịngua Zunge; Sprache
lịquido flüssig
lista Liste, Speisekarte
lite *f* Streit
litro Liter
locale *m* Raum; Personenzug; **locale notturno** Nachtlokal
località Ortschaft
lodare loben
long playing *m* Langspielplatte
lontananza Entfernung
lontano fern, weit, entfernt
Loro Sie
loro sie
luce *f* Licht
lụcido Schuhcreme
lui er
luna Mond
lunghezza Länge
lungo lang; *(Weg)* weit
luogo Ort; **luogo di cura** Kurort; **luogo di nạscita** Geburtsort; **in primo luogo** zunächst; erstens
lusso Luxus

M

ma aber; sondern
mạcchia Fleck(en)
mạcchina Maschine; Auto, Wagen; **mạcchina fotogrạfica** Fotoapparat
madre *f* Mutter
magari sogar
magazzino Lager; **grandi magazzini** *m pl* Kaufhaus, Warenhaus
magnịfico herrlich, prächtig
magro mager
mai nie; jemals
malato krank
malattia Krankheit
male *(adv)* schlecht, schlimm; **mi sento male** mir ist übel
malgrado trotz
malinteso Mißverständnis
malsano ungesund
malvạgio böse
malvolentieri ungern
mancanza Mangel
mancare fehlen
mạncia Trinkgeld
mandare schicken; senden; **mandạr via** wegschicken; **mandare a prendere** abholen lassen
mangiare essen
maniẹra Art
manifestazione *f* Veranstaltung
mano *f* Hand
mantello Mantel
marca (Handels)marke; *(Zigaretten)* Sorte
mạrcia *(Auto)* Gang
marco Mark
mare *m* Meer, See
marea Gezeiten; **alta marẹa** Flut; **bassa marẹa** Ebbe
marito Ehemann
marmellata Marmelade
marrone braun
martello Hammer
maschile männlich
mạssimo größte, höchste; **al mạssimo** höchstens
matita Bleistift
matrimọnio Ehe; Heirat
mattina Morgen; Vormittag; **di mattina** vormittags
mattino Morgen; **al mattino** morgens
maturo reif
mazzo *(Blumen)* Strauß
me mich; **a me** mir
media Durchschnitt; **in mẹdia** im Durchschnitt
mediatore *m* Vermittler
medicina Arznei
mẹdio *(adj)* durchschnittlich
Mediterrạneo Mittelmeer
mẹglio che/di besser als
mela Apfel
meno weniger; **per lo meno** wenigstens; mindestens
mensile monatlich
mentre während
menù *m* Menü; Speisekarte
meravigliarsi s. wundern (*di* über)
meraviglioso wunderbar
mercato Markt
merce *f* Ware
meridionale südlich
meritare *(wert sein)* verdienen
mẹrito das Verdienst
merletto *(Gewebe)* Spitze
mese *m* Monat
messa *(rel)* Messe
meta Ziel
metà Hälfte
metro Meter
mẹttere legen; stellen; setzen; **mẹttere a posto** richtigstellen; **mettere in comunicazione** *(tele)* verbinden; **mettersi** *(Kleid)* anziehen
mezzanotte *f* Mitternacht; **a mezzanotte** um Mitternacht
mezzo halb; *m* Mitte; Mittel; **mezzo chilo** ein Pfund; **una mezz'ora** eine halbe Stunde
mezzogiorno Mittag; **a mezzogiorno** mittags
mi mich; mir

migliorare verbessern
mille tausend
minimo mindeste, geringste
minore kleiner
minuto Minute
mio mein; **da parte mia** meinerseits
misura Maß; *(Kleidung, Schuhe)* Größe
misurare messen
mite mild
mittente *m* Absender
mobile *m* Möbel
moda Mode
modello Muster
moderato mäßig
moderno modern
modificare ändern
modo Art; Weise
modulo Formular
moglie *f* Ehefrau
molla *(elastisch)* Feder
molo Mole
molto sehr; viel
momento Moment; **al momento** zur Zeit
monaca Nonne
monastero Kloster
mondo Welt
moneta Münze, Geldstück
montagna Gebirge
monte *m* Berg
monumento Denkmal
morbido weich
morire sterben
morte *f* Tod
morto tot
mosca Fliege
mosso *(Meer)* bewegt
mostra *(Ausstellung)* Messe
mostrare zeigen
motivo (Beweg)grund, Anlaß; **per questo motivo** aus diesem Grund
motocicletta Motorrad
motore *m* Motor
motoscafo Motorboot
movimento Bewegung
multa Geldstrafe
multicolore bunt
muovere bewegen
muro Mauer
museo Museum
musica Musik

N

nascita Geburt
nascondere verbergen
nastro das Band
Natale *m* Weihnachten
nativo gebürtig (*di* aus)
nato geboren
natura Natur
naturale *(adj)* natürlich
naturalmente *(adv)* natürlich, selbstverständlich
navata (Kirchen)schiff
nave *f* Schiff
nazione *f* Nation
né . . . né weder . . . noch
nebbia Nebel
necessario nötig, notwendig; **non necessario** unnötig
necessità Notwendigkeit
negare leugnen
negligente nachlässig
negozio Geschäft, Laden; **negozio di scarpe** Schuhgeschäft
neppure nicht einmal; auch nicht
nero schwarz
nessuno kein; niemand; **in nessun caso** keinesfalls; **in nessun luogo** nirgends
neve *f* Schnee
nevicare schneien
niente nichts; **niente affatto** gar nicht; **nient'altro** sonst nichts; **per niente** durchaus nicht
nipote *m/f* Neffe, Nichte; Enkel/in
no nein
nodo Knoten
noi wir; uns
noioso langweilig
nolo Fracht
nome *m* Name; **nome (di battesimo)** *m* Vorname

?

non nicht; **non ancora** noch nicht; **non è vero?** nicht wahr?
nonna Großmutter
nonno Großvater
nonostante trotzdem
Nord *m* Norden; **Nord-Est** Nordosten; **Nord-Ọvest** Nordwesten; **a nord** nördlich (*di* von)
nostro unser
nota Note; Notiz
notare notieren; merken, bemerken
notizia Nachricht
noto bekannt; **ẹssere noto** bekannt sein; **render noto** bekanntmachen
notte *f* Nacht; **di notte** nachts
novità Neuheit; Neuigkeit
nozione *f* Kenntnis
nozze *f pl* Hochzeit
nụbile *(Frau)* ledig
numerare numerieren
nụmero Zahl, Anzahl; Nummer
numeroso zahlreich
nuọcere schaden
nuotare schwimmen; **nuotare sott'acqua** tauchen
nuovo neu; **di nuovo** wieder
nutriente nahrhaft
nutrimento Nahrung
nụvola Wolke
nuvoloso bewölkt

O

o . . . o . . . entweder . . . oder
obbligare verpflichten; zwingen; **essere obbligato** verpflichtet sein
ọbbligo Verpflichtung
occasionalmente *(adv)* gelegentlich
occasione *f* Gelegenheit; Anlaß
occhiạli *m pl* Brille; **occhiali da sole** Sonnenbrille
ọcchio Auge
occidentale westlich
Occidente *m* Westen
occupare un posto einen Platz belegen
occupato beschäftigt; *(Platz)* besetzt
ocẹano Ozean
odore *m* Geruch
offẹndere beleidigen
offerta Angebot
offesa Beleidigung
officina Werkstatt
offrire anbieten
oggetto Gegenstand
oggi heute
ogni *(adj)* jeder; **ogni due ore** alle zwei Stunden; **ogni giorno** täglich; **ogni ora** stündlich; **ogni settimana** wöchentlich; **ogni volta** jedesmal; **in ogni caso** auf alle Fälle; in jedem Fall
ognuno *(prn)* jeder
ọlio Öl; **olio per riscaldamento** Heizöl
oltremare *m* Übersee
ombra Schatten
ombrello Regenschirm
ombrellone *m* Sonnenschirm
ọmnibus *m* Omnibus
onorạrio Honorar
onore *m* Ehre
ọpera Werk; Oper
opinione *f* Meinung
opportuno zweckmäßig
opposto entgegengesetzt
oppure oder
ora jetzt; nun; *f* Stunde
ordinare bestellen
ordinario gewöhnlich
ordinato ordentlich
ordinazione *f* Bestellung
ọrdine *m* Ordnung; *(rel)* Orden
orecchini *m pl* Ohrringe
orẹcchio Ohr
orlo Rand
oro Gold
orolọgio Uhr; **orolọgio da parete** Wanduhr; **orolọgio da polso** Armbanduhr
osare wagen
oscuro finster
ospedale *m* Krankenhaus

ospitalità Gastfreundschaft
ọspite *m* Gast
osservare beobachten; *(sagen)* bemerken
oste *m* Gastwirt
osteria Kneipe; Schenke
ottenere erlangen; erhalten
ọttimo ausgezeichnet
Ovest *m* Westen
ọvvio *(adj)* selbstverständlich

P

pacchetto Päckchen
pacco Paket
pace *f* Friede; *(seelisch)* Ruhe
padre *m* Vater
padrone *m* Chef; Besitzer
paesạggio Landschaft
paese *m* Land
pagạbile zahlbar
pagamento Zahlung
pagare zahlen, bezahlen; **pagare il supplemento** nachzahlen; Zuschlag zahlen; **pagare in contanti** bar zahlen
pagella Zeugnis
pạgina *(Buch)* Seite
pạio Paar; **un paio di guạnti** ein Paar Handschuhe
palco *(Theater)* Loge
palla Ball
pạllido bleich
pallone *m* Ball
panchina Sitzbank
pane *m* Brot
panino Brötchen; **panino imbottito** belegtes Brötchen
panno Tuch
panorama *m* Panorama, Rundblick
parcheggiare parken
parchẹggio Parkplatz
parco Park
parete *f* Wand
parlare sprechen; reden; **parlạr forte** laut sprechen
parola Wort
pạrroco *(katholisch)* Pfarrer
parte *f* Teil; Seite; **a parte** extra; **da parte mia** meinerseits
partenza Abreise; Abfahrt; Start
particolare besondere; *m* Einzelheit
particolarmente besonders
partire verreisen; abfahren (*da* von); abreisen (*per* nach)
Pasqua Ostern
passạggio Durchgang; Übergang; Durchfahrt; **di passạggio** auf der Durchreise
passaporto Paß
passare vorübergehen; vorbeigehen, -kommen (*da qlc/davanti a qc* bei jdm/an etw); *(Zeit)* verbringen; vergehen; überschreiten
passato vorüber; *m* Vergangenheit
passeggero vorübergehend; *m* Passagier; Fahrgast
passeggiare spazierengehen
passeggiata Spaziergang
passo Schritt; *(Gebirge)* Paß
pasto Mahlzeit
pastore *(evangelisch)* Pfarrer
pạtria Vaterland; Heimat
paụra Angst; Furcht
pavimento Fußboden
paziente geduldig
pazienza Geduld
pazzo verrückt
peccato! schade! **che peccato!** wie schade! **è un peccato** es ist schade
pedone *m* Fußgänger
pẹggio schlimmer
pegno Pfand
pelle *f* Haut; Leder
pelliccia Pelz
pellịcola Film
pena Strafe
pendịo Abhang
penna Feder
pensare denken (*a* an); sorgen (*a* für); meinen
pensiẹro Gedanke
Pentecoste *f* Pfingsten

?

pęntola Kochtopf
penųltima vorletzte, die
penųltimo vorletzte, der
per für; durch; **per iscritto** schriftlich; **per me** für mich; was mich betrifft; **per strada** auf der Straße
pera *(Frucht)* Birne
perbene *(anständig)* ordentlich
percento Prozent
percentuale *f* Prozentsatz
perché warum, weshalb, wieso; da, weil
perciò daher, deshalb
pęrdere verlieren; verpassen, versäumen
pęrdita Verlust
perdonare verzeihen
perdono Verzeihung
perfetto vollkommen
perịcolo Gefahr
pericoloso gefährlich
periferịa Peripherie
perịodo Periode, Zeit(abschnitt); **un perịodo di tempo** eine Zeitlang
permesso Erlaubnis; **permesso di trąnsito** Durchreisevisum; **avere il permesso** dürfen
permęttere erlauben, zulassen
pernottare übernachten
però aber; jedoch
persona Person
personale persönlich; *m* Personal
persuadere überzeugen; überreden
pesante schwer
pesare wiegen
pescare fischen
pescatore *m* Fischer
pesce *m* Fisch
pescivęndolo Fischhändler
peso Gewicht
pęssimo schlimmste
pezzo Stück; **un pezzo di pane** ein Stück Brot
piacere gefallen; schmecken; *m* Vergnügen; Gefallen
piacęvole angenehm
piąngere weinen
piano *(adj)* eben, flach *(adv)* langsam; leise; *m* Plan; Stockwerk
pianoterra *m* Erdgeschoß
pianta Pflanze; **pianta della città** Stadtplan
pianterreno Erdgeschoß
pianura Ebene
piatto flach; *m* Teller; Platte; Gericht; Gang
piazza Platz
piccante pikant; *(Geschmack)* scharf
pịccolo klein
pięde *m* Fuß
piegare biegen
pięno voll; **pięno di fidųcia** vertrauensvoll
pietanza Speise, Gericht
piętra Stein
pigione *f* Miete
pigro faul
pila Batterie; **pila tascąbile** Taschenlampe
piǫggia Regen
piǫvere regnen
pipa Pfeife
pirǫscafo Dampfer
piscina Schwimmbad
pittore *m* Maler
pittoresco malerisch
pittura Malerei
più mehr; **più che/di** mehr als; **più o meno** mehr oder weniger
piuttosto *(adv)* lieber, eher
pizzo *(Gewebe)* Spitze
poco wenig; **un po'** ein bißchen, ein wenig (*di* von)
podere *m* Landgut
poi dann; danach
poiché denn
polizịa Polizei
pǫlvere Staub; Pulver
pomeriggio Nachmittag; **di pomeriggio** nachmittags
ponte *m* Brücke
pǫpolo Volk
porcellana Porzellan
porta Tür
portafǫglio Brieftasche
portale *m* Portal
portamonete *m* Geldbeutel
portare bringen; tragen; **portąr via** forttragen, -bringen; **portare con sé** mitbringen
portata Gericht; Gang
portięre *m* Portier
portinąio Pförtner
porto Hafen
portone *m* das Tor
posizione *f* Stellung; *(eines Ortes)* Lage
possedere besitzen

possesso Besitz
possịbile möglich
possibilità Möglichkeit
posta Post; **alla posta** auf die/der Post
postino Briefträger
posto Platz; Stelle
potạbile trinkbar
potere können; dürfen
pọvero arm
pranzo Mittagessen
prạtico praktisch; **poco prạtico** unpraktisch
prato Wiese
precauzione *f* Vorsicht
precisione *f* Genauigkeit
preciso genau
prẹdica Predigt
prediletto Liebling
preferire vorziehen
pregare beten; bitten
preghiẹra Gebet
prẹgio Vorzug
prego bitte
prẹmere *(Knopf)* drücken
prẹmio Preis, Prämie
prẹndere nehmen; **prẹndere congedo** Abschied nehmen; **prẹndere parte** teilnehmen (*a* an); **prẹndere un caffè** einen Kaffe trinken
prenotare *(Hotel, Platz)* bestellen, reservieren
preoccuparsi s. sorgen (*di* um)
preoccupato besorgt
preoccupazioni *f pl* Sorgen
preparare vorbereiten; zubereiten
presa di corrente Steckdose
prescrịvere verschreiben
presentare vorzeigen; vorstellen
presentazione *f* Vorstellung
presente anwesend; **essere presente** dasein
prestare leihen
presto *(adv)* schnell; bald; früh; **al più presto possịbile** so bald wie möglich
prete *m* Priester
pretesa Forderung
pretesto Vorwand
prezzo Preis
prima früher, vorher; erst; zuerst; *f* erste, die; **prima di** bevor; *(zeitlich)* vor; **di prima qualità** erstklassig
primavera Frühling
primo erste, der
principale *(adj)* hauptsächlich
principalmente *(adv)* hauptsächlich
privato privat
probạbile *(adj)* wahrscheinlich
probabilità Wahrscheinlichkeit
probabilmente *adv* wahrscheinlich
problema *m* Problem, Frage
procura Vollmacht
procurare beschaffen, besorgen
prodotto Erzeugnis, Produkt
produrre erzeugen
professione *f* Beruf
profondo tief
profumo Parfüm
progetto Plan, Entwurf
programma *m* Programm
progresso Fortschritt
proibire verbieten
prolungare verlängern
promessa Versprechen
promẹttere versprechen
promuọvere befördern
pronto bereit, fertig; **pronto soccorso** Erste Hilfe
pronụncia Aussprache
pronunciare aussprechen
proporre vorschlagen
propọsito Vorsatz
proposta Vorschlag
proprietà Eigentum, Besitz
proprietạrio Eigentümer, Besitzer
proprio eigen; *(adv) (zeitlich)* eben; **prọprio in questo minuto** *(zeitlich)* gerade
prospetto Prospekt
prọssimo nächste
protẹggere beschützen
protestare protestieren
protezione *f* Schutz
prova Probe; Beweis
provare probieren; beweisen
provvedere besorgen
provvisoriamente *(adv)* vorläufig
provvista Vorrat
prudente vorsichtig
pubblicare veröffentlichen; **essere pubblicato** erscheinen
pụbblico öffentlich
pulire reinigen; putzen
pulito sauber
pullover *m* Pullover
pụngere stechen

punta Spitze; Gipfel; **punta del dito** Fingerspitze
puntina Reißnagel
punto Punkt; **punto culminante** Höhepunkt
puntuale *(adj)* pünktlich
puntualmente *(adv)* pünktlich
pure auch
purtroppo leider
puzzare stinken

Q

quaderno Heft; **quaderno degli appunti** Notizblock
quadrangolare viereckig
quadro *(Gemälde)* Bild
qualche einige; **qualche cosa** (irgend) etwas; **qualche volta** manchmal; **in qualche modo** irgendwie; **da qualche parte** irgendwo(hin)
qualcosa etwas
qualcuno jemand
quale . . .? was für ein/eine . . .?
qualità Eigenschaft; Qualität
qualsịasi *(adj)* jeder beliebige
quando wann; *(zeitlich)* wenn, als
quantità Menge
quanto wieviel
quartiẹre *m* Stadtteil
quarto Viertel; **un quarto d'ora** eine Viertelstunde
quasi fast, beinahe
quella jene
quello jener
questa diese
questione *f* Frage
questo dieser
qui hier; hierher

R

rạbbia Wut
raccọgliere sammeln
raccolta Sammlung; **far raccolta** sammeln (*di qc* etw)
raccomandare empfehlen
raccomandazione *f* Empfehlung
raccontare erzählen
rạdio *f* Radio
raffreddore *m* Erkältung
ragazza Mädchen
ragazzo Junge
rạggio Strahl
raggiụngere erreichen
ragione *f* Vernunft, Verstand
ragionẹvole vernünftig
rallegrarsi s. freuen (*di* auf/über)
rame *m* Kupfer
rammendare flicken
rapidamente *(adv)* schnell
rapido *(adj)* schnell, rasch; *m* Schnellzug
rapporto Bericht; Verbindung
rappresentante *m* Vertreter
rappresentazione *f (Theater)* Vorstellung, Aufführung
raramente *(adv)* selten
raro *(adj)* selten
rasọio elẹttrico Rasierapparat
re *m* König
reale wirklich; königlich
realizzare verwirklichen
realtà Wirklichkeit
recente *(kürzlich)* neu
recipiente *m* Behälter
reclamare reklamieren; s. beschweren (*per* über)
reclame *f* Reklame
reclamo Beschwerde

?

regalare schenken
regalo Geschenk
regina Königin
regione *f* Gegend
regolamento Vorschrift
regolare regeln; *(adj)* regelmäßig
relazione *f* Verbindung
rêmare rudern
rẹndere *(Geld)* herausgeben; **render noto** bekanntmachen; **rẹnder possịbile** ermöglichen
replicare erwidern
respịngere zurückweisen
responsạbile verantwortlich
restare (übrig)bleiben
restituire zurückgeben
resto Rest; **del resto** übrigens
rete *f* Netz
rettificare richtigstellen
riavere wiederbekommen
ricchezza Reichtum
ricco reich
ricẹvere erhalten, bekommen; empfangen
ricevimento Empfang
ricevitore *m (tele)* Hörer
ricevuta Quittung, Empfangsbestätigung
richiesta Forderung
ricompensa Belohnung
ricompensare belohnen
riconọscere erkennen
ricordare erinnern (*a qlc qc* jdn an etw); **ricordarsi** s. erinnern (*di* an)
ricordo Andenken
ridare wiedergeben; zurückgeben
rịdere lachen
riduzione *f* Ermäßigung
riempire füllen; **riempire un mọdulo** ein Formular ausfüllen
rientro Heimreise
riferire berichten; **riferirsi** s. beziehen (*a* auf)
rifiutare ablehnen, zurückweisen; **rifiutarsi** s. weigern
riflusso Ebbe
rifornire versorgen (*di* mit)
rigore *m* Härte
riguardo Rücksicht; **senza riguardo** rücksichtslos
rilevare *(sagen)* bemerken
rimandare *(zeitlich)* verschieben
rimanente übrig
rimanere bleiben; übrigbleiben
rimborsare zurückzahlen
rimessa Überweisung
rimẹttere *(Geld)* überweisen; **rimẹttersi** s. erholen
rimorchiare abschleppen
rinfresco Erfrischung
ringraziare danken (*qlc di qc* jdm für etw)
rinnovare erneuern
riparazione *f* Reparatur
ripẹtere wiederholen
rịpido steil
riportare zurückbringen
riposarsi s. ausruhen, s. erholen
riposo Ruhe
risarcimento Ersatz
risarcire *(Schaden)* ersetzen
riscaldamento Heizung
riscaldare wärmen; heizen
rịschio Risiko
riserva Vorrat; **con riserva** mit Vorbehalt
riservare reservieren
risoluzione *f* Entschluß
risọlvere lösen
risparmiare sparen
risplẹndere scheinen, glänzen
rispọndere antworten (*a qc/a qlc* auf etw/jdm); beantworten (*a qc* etw)
risposta Antwort
ristorante *m* Restaurant
risultato Ergebnis
ritardare s. verspäten
ritardo Verspätung
ritirarsi s. zurückziehen
ritornare zurückkehren; wiederkommen
ritorno Rückkehr; **ritorno in pạtria** Heimreise
rivedere wiedersehen
rivista Zeitschrift; Revue
rivọlgersi s. wenden (*a qlc* an jdn)
rọmpere brechen; zerbrechen; **rọmpersi** kaputtgehen
rosso rot
rotondo rund
rotto kaputt
rovinare verderben
rubare stehlen
rubinetto Wasserhahn
rumore *m* Geräusch; Lärm
rumoroso laut
ruota Rad

S

sạbbia Sand
sacchetto (di plạstica) (Plastik)Tüte
sacco Sack
sacerdote *m* Priester, Geistlicher
sala Saal; **sala da pranzo** Speisesaal; **sala d'attesa** Wartesaal
saldo fest
salire steigen; einsteigen
salita Aufstieg; **in salita** bergauf
salotto Wohnzimmer
saltare springen
salutare grüßen; begrüßen
salute *f* Gesundheit
salvare retten
sano gesund
santo heilig
sapere wissen; können; riechen (*di* nach); schmecken (*di* nach)
sapone *m* Seife
sapore *m* Geschmack
sarta Schneiderin
sarto Schneider
sbagliarsi s. irren, s. täuschen
sbagliato falsch
sbạglio Fehler *(den man macht)*; **per sbạglio** aus Versehen
sboccare (ein)münden
sbrigare erledigen; **sbrigare un affare** eine Angelegenheit erledigen
scadenza Ablauf; Frist
scala Treppe; Leiter
scalo Zwischenlandung
scambiare austauschen; verwechseln
scạmbio Austausch; Verwechslung
scạmpolo (Stoff)rest
scạpolo Junggeselle
scaricare abladen, entladen
scarpa Schuh
scarso gering
scạtola Büchse; Dose; Schachtel; **scạtola di fiammiferi** Streichholzschachtel
scẹgliere wählen; aussuchen
scelta Auswahl
scemo blöd
scẹndere hinuntergehen; aussteigen
scherzo Scherz; Spaß
scintilla Funke
scommessa Wette
scommẹttere wetten
scọmodo unbequem
sconosciuto unbekannt; fremd
scontento unzufrieden
sconto Rabatt
scontrino Gepäckschein; Kassenzettel
scontro Zusammenstoß
scopo Ziel; Zweck; **a che scopo** wozu
scoprire entdecken
scorciatọia *(Weg)* Abkürzung
scọrrere fließen
scorso vorig
scortese unhöflich
scrịvere schreiben
scuola Schule
scuro dunkel
scusa Entschuldigung
scusare entschuldigen; verzeihen; **scusarsi** s. entschuldigen; **scusi tanto!** Entschuldigen Sie bitte!
sdoganare verzollen
sdraiarsi s. hinlegen
sdrạio *f* Liegestuhl
se *(Bedingung)* wenn; ob; **se no** *(Gegensatz)* sonst, anderenfalls
sebbene obgleich
seccante lästig
secco trocken
sẹcolo Jahrhundert
seconda zweite, die
secondo zweite, der; **secondo me** nach meiner Meinung; **in secondo luogo** zweitens
sede *f* Sitz
sedere sitzen; **sedersi** s. setzen
sẹdia Stuhl
segnalatore d'incẹndio *m* Feuermelder

segnale *m* Signal

segno Zeichen; **far segno** winken

segreto geheim

seguire folgen; befolgen

selvaggina Wild

selvạggio wild

sembrare scheinen

sẹmplice einfach

sempre immer; stets

sensịbile empfindlich, sensibel

senso Sinn

sentiẹro Pfad; Weg

sentimento Gefühl

sentire fühlen; hören; riechen

senza ohne; **senza impegno** unverbindlich

separare trennen

sera Abend

sẹrio ernst

serpente *m* Schlange

serratura *(Tür)* Schloß

servire dienen; bedienen

servizio Dienst; Bedienung

seta Seide

sete *f* Durst; **avẹr sete** durstig sein

settimana Woche; **durante la settimana** während der Woche

settimanale *(adj)* wöchentlich

severo streng

sfacciato unverschämt

sfavorẹvole ungünstig

sfociare *(Fluß)* münden

sfortuna Unglück

sfortunatamente unglücklicherweise

sfortunato unglücklich

sforzarsi s. bemühen; s. anstrengen

sforzo Anstrengung; Mühe

sgarbato unfreundlich

sguardo Blick

si man

sì ja; doch

sicura Sicherungsvorrichtung

sicurezza Sicherheit

sicuro *(adj)* sicher

sigaretta Zigarette

sịgaro Zigarre

significare bedeuten

significato *(Sinn)* Bedeutung

signora *(Anrede vor Namen)* Dame; Frau

signore Herr; **signọr** *(vor Namen)* Herr

signorina Fräulein

silẹnzio Schweigen; Stille; **silẹnzio!** Ruhe!

silenzioso still; schweigend

sillabare buchstabieren

sịmile ähnlich

simpạtico nett

sinistra Linke; **a sinistra** links

sinistro linke

situazione *f* Lage; Zustand

smacchiatore *m* Fleckenmittel

smarrirsi s. verirren

smẹttere aufhören

snello schlank

sobborgo Vorort, Vorstadt

soddisfatto zufrieden

soffitto (Zimmer)decke

soggiorno Aufenthalt

sognare träumen

sogno Traum

sole *m* Sonne

solenne feierlich

sọlido fest, solide; haltbar

sọlito üblich

solo allein; nur; erst

soltanto nur; erst

somma Summe; Betrag

sommare zusammenrechnen

sonnịfero Schlafmittel

sonno Schlaf

sopportare ertragen

sopra auf; über; oben

soprattutto vor allem

sorella Schwester

sorpassare überholen

sorpreso überrascht

sorso Schluck

sospetto Verdacht

sostituire ersetzen

sottile dünn; fein

sotto unter

sottopassạggio Unterführung

Spagna *f* Spanien

spagnola Spanierin

spagnolo spanisch; *m* Spanier

spago Schnur, Bindfaden

spalla Schulter

sparare schießen

sparire verschwinden

spaventare erschrecken; **spaventarsi** *(einen Schrecken bekommen)* erschrecken

spaventoso fürchterlich

spạzio Raum

spazzatura Abfall

spạzzola Bürste; **spạzzola da scarpe** Schuhbürste

spazzolare bürsten
spazzolino da denti Zahnbürste
spẹcchio Spiegel
speciale speziell; Sonder…
spẹcie *f* Sorte
spedire (ver)senden
spẹgnere auslöschen; löschen; **spẹgnere la luce** das Licht ausmachen
spẹndere ausgeben
sperare hoffen
spese *f pl* Kosten, Unkosten, Ausgaben
spesso *(adj)* dick; *(adv)* oft, häufig
spettạcolo Schauspiel; Vorstellung
spettatore *m* Zuschauer
spiacẹvole unangenehm, unerfreulich
spiạggia Strand
spịccioli *m pl* Kleingeld
spiegare *(deutlich machen)* erklären
spillo Stecknadel; **spillo di sicurezza** Sicherheitsnadel
spina Stecker
spịngere stoßen; schieben
spinta Stoß
spịrito Geist; Spiritus
spiritoso geistreich; witzig
splẹndido herrlich
spogliare ausziehen (*qlc* jdn); **spogliarsi** s. ausziehen
sponda Ufer
sporcịzia Schmutz
sporco schmutzig
sport *m* Sport
sportello Schalter
sposarsi heiraten; **sposato** verheiratet (*con* mit)
spuntino Imbiß
squadra *(Sport)* Mannschaft; **squadra di cạlcio** Fußballmannschaft
stabilimento balneare Badeanstalt
stabilire festsetzen
stagione *f* Jahreszeit; Saison; **alta stagione** Hochsaison; **fuori stagione** außerhalb der Saison
stancare ermüden
stanco müde
stanotte heute nacht
stare stehen; **stare attento** aufpassen (auf)
stasera heute abend
stato Zustand
Stato *m* Staat
statura *(Körper)* Größe
stazione (centrale) (Haupt)Bahnhof
stella Stern
stesso selbst; selber; **lo stesso** derselbe; dasselbe
stimare schätzen
stirare bügeln
stoffa Stoff
stọria Geschichte
strạccio Lumpen; Lappen
strada Straße; Weg; **strada provinciale** Landstraße
straniẹro fremd; ausländisch; *m* Fremder; Ausländer
strano sonderbar
straordinạrio außergewöhnlich
strappare zerreißen
stretto eng; schmal
stringa Schnürsenkel
strumento Instrument; Werkzeug
studente *m* Student
studiare studieren
stụdio Studium
stufa Ofen
stụpido dumm
stuzzicadenti *m* Zahnstocher
su auf; über; oben; nach oben; **sul Tẹvere** am Tiber; **sulla strada** auf der Straße
sua *(poss prn)* sein; ihr
sụbito sofort; gleich
succẹdere geschehen, passieren
successo Erfolg
Sud *m* Süden; **a sud di** südlich von
sudare schwitzen
sufficiẹnte genügend
suo *(poss prn)* sein; *(poss prn, f)* ihr
suolo Boden
suonare *(Klavier)* spielen; läuten; klingeln; *(Uhr)* schlagen
suono Klang
suọra Nonne, Schwester
supẹrfluo überflüssig
supermercato Supermarkt
supplemento *(zum Fahrpreis)* Zuschlag
supporre annehmen, vermuten
supposizione *f* Vermutung
svantạggio Nachteil
svẹglia Wecker
svegliare wecken; **svegliarsi** aufwachen

svęglio wach
svelto *(adj)* rasch
svęndita Ausverkauf
svestirsi s. ausziehen
sviluppare entwickeln
sviluppo Entwicklung
Svizzera *f* Schweiz
svizzera Schweizerin
svizzero Schweizer
svolta Biegung, Kurve
svoltare *(in eine Straße)* einbiegen

T

tabacco Tabak
tacere schweigen
tagliando Abschnitt
tagliare schneiden
talco (Körper)Puder
tale solch
tanto so viel; so sehr; **di tanto in tanto** von Zeit zu Zeit
tardare verzögern
tardi *(adv)* spät
tasca Tasche
tasse *f pl* Gebühren
tassì *m* Taxi
taverna Kneipe
tąvola Tisch
tąvolo Tisch
tazza Tasse; **una tazza di caffè** eine Tasse Kaffee
te dich; **a te** dir
tè *m* Tee
tedesca Deutsche, die
tedesco deutsch; *m* Deutsche, der
telefonare telefonieren, anrufen
telefonata Telefongespräch; Anruf
telęfono Telefon
telegrafare telegraphieren
telegramma *m* Telegramm
televisione *f* Fernsehen
temere fürchten; befürchten
tempesta Sturm; Unwetter
tempo Zeit; Wetter; **a tempo** *(adv)* rechtzeitig; **in tempo** *(adv)* rechtzeitig
temporale *m* Gewitter
temporaneo vorübergehend
tenąglie *f pl* Zange
tenda Vorhang; Zelt
tenere halten; behalten; **tenere a mente** s. merken
tęnero zart; weich
tentare versuchen
tentativo Versuch
tęnue *(Farbton)* zart, weich
terminare beenden, vollenden
tęrmine *m* Termin
terra Erde; Land
terreno Gelände
terribile schrecklich
terrina Schüssel
terza dritte, die
terzo dritte, der; **un terzo** ein Drittel
tesoro Liebling
tęssera Ausweis
tessuto Gewebe
testa Kopf; **mal di testa** Kopfschmerzen
testimone *m* Zeuge
tetto Dach
Tęvere *m* Tiber
ti dir; dich
timbro Stempel
tirare ziehen
toccare berühren
tǫgliere wegnehmen; **tǫgliersi** *(Kleider)* ausziehen
toilette *f* Toilette
tono Ton; **tono di colore** Farbton
tǫrbido *(Flüssigkeit)* trüb
tǫrcia elęttrica Taschenlampe
tornare indietro zurückgehen, -kommen; umkehren
torre *f* Turm
tra zwischen; unter; **tra breve** demnächst
trąccia Spur
tradurre übersetzen
trąffico Verkehr
traghetto Fähre
trainare
tram *m* Straßenbahn

?

tramonto (Sonnen)untergang; **al tramonto** bei Sonnenuntergang
tranne außer
tranquillizzarsi s. beruhigen
tranquillo ruhig
trạnsito Durchgang, -reise
trascurare vernachlässigen
trasmissione *f (Radio, Fernsehen)* Sendung
trasportare transportieren
trattamento Behandlung
trattare behandeln
trattenere einbehalten; **trattenersi** s. aufhalten
tratto Strecke
trattoria Gasthaus, Gasthof
traversata Überfahrt
treno Zug
tribunale *m (Justiz)* Gericht
triste traurig
troppo zu sehr, zu viel; *(mit adj)* zu
trovare finden; **trovarsi** s. befinden; **trovarsi bene** sich wohl fühlen
tu du
tubo Schlauch; Rohr
tụnnel *m* Tunnel
tuo dein
turista *m f* Tourist/in
tutto *(adj)* ganz; all; alles; *m* das Ganze; **tutti e due** beide; **tutti i giorni** alle Tage; **tutto pieno** voll besetzt

U

ubbidire gehorchen
ubriacarsi s. betrinken
ubriạco betrunken
uccello Vogel
udire hören
ufficiale offiziell; amtlich
uffịcio Amt; Büro; **uffịcio doganale** Zollamt; **uffịcio informazioni** Auskunftsstelle; **uffịcio oggetti smarriti** Fundbüro; **uffịcio postale** Postamt
uguale gleich
umano menschlich
ụmido feucht
umore *m* Laune
uncino Haken
ụnico einzig
uno ein(er); eins; **uno e mezzo** anderthalb; **l'un l'altro** einander
uọmo Mann; Mensch
uọvo Ei
urgente dringend
usare gebrauchen, benutzen; verwenden, anwenden
usato gebraucht; gebräuchlich
uscire (hin)ausgehen; *(Buch)* erscheinen
uscita Ausgang
uso Gebrauch; Verwendung; **in uso** gebräuchlich
ụtile nützlich
uva Weintraube(n)

V

vacanza Urlaub
vagone *m (Zug)* Wagen; **vagone letto** Schlafwagen; **vagone ristorante** Speisewagen
validità Gültigkeit
vạlido gültig; **essere valido** gelten; **non vạlido** ungültig
valigia Koffer
valle *f* Tal

?

valore *m* Wert; **avere un grande valore** viel wert sein; **senza valore** wertlos
valuta Währung; Devisen
valutare schätzen
vạlvola (di sicurezza) *(el)* Sicherung
vantạggio Vorteil
vantaggioso vorteilhaft
vaporetto Dampfer
varietà *m* Vielfalt; Varieté
vạrio verschieden; bunt
vaso Gefäß
vẹcchio alt
vedere sehen
veleno Gift
velenoso giftig
velluto Samt
veloce *(adj)* schnell
velocemente *(adv)* schnell
velocità Geschwindigkeit; Schnelligkeit
vẹndere verkaufen
vẹndita Verkauf; **in vẹndita** erhältlich
venditore *m* Verkäufer
venditrice *f* Verkäuferin
venire kommen; **venire a sapere** erfahren
vento Wind
veramente *(adv)* wirklich
verde grün
verdura Gemüse
verità Wahrheit
vero wahr; echt
verso *(in Richtung auf, zeitlich)* gegen; **verso casa** nach Hause
vestirsi s. anziehen
vestito Anzug
vetrina Schaufenster
vetro Glas; Scheibe
vi euch
via Weg; Straße; *(adv)* fort, weg
viaggiare reisen
viaggiatore *m* Reisende, der
viạggio Reise; Fahrt; **viạggio di ritorno** Rückfahrt; **in viaggio** auf der Reise
vicinanza Nähe
vicino nahe; *m* Nachbar; **vicino a** nahe bei, neben
vịcolo Gasse
vietato verboten
vịgile *m (Verkehr)* Polizist
vigilia di Natale Weihnachtsabend
villa Villa
villạggio Dorf
villano grob, flegelhaft
villino Einfamilienhaus, kleine Villa
vịncere gewinnen
vịncita Gewinn
violento gewaltig
visịbile sichtbar
vịsita Besuch
viso Gesicht
vista Aussicht; Ansicht
visto Visum; Sichtvermerk
vita Leben
vite *f* Schraube
vitto Verpflegung
vivace lebhaft
vivanda Speise
vivente lebend
vịvere leben
voce *f* Stimme
voglia Lust; **di mala voglia** nicht gern
voi *(pers prn)* ihr; euch
volare fliegen
volentieri gern

volere wollen; *(wünschen)* mögen; **volẹr bene** mögen, lieb haben (*a qlc* jdn)
volgare gemein, ordinär
volta Mal; **ogni volta** jedesmal; **una volta** einmal; **due volte** zweimal
voltare wenden; biegen; **voltare a destra/sinistra** nach rechts/links einbiegen
volume *m* der Band
vostro *m* euer
votare *(Politik)* wählen
vuọto leer

Z

zanzara (Stech)mücke
zero Null
zia Tante
zio Onkel
zụcchero Zucker

Allgemeine Abkürzungen

a	arrivo	Ankunft
a. C.	avanti Cristo	vor Christus
ACI	Automobile Club Italiano	Italienischer Automobilklub
CEE	Comunità Economica Europea	EG
CIT	Compagnia Italiana Turismo	Italienische Reiseverkehrsgesellschaft
D	diretto	Eilzug
d. C.	dopo Cristo	nach Christus
DD	direttissimo	Schnellzug
dott.	dottore	Doktor
ecc.	eccetera	usw.
ENIT	Ente Nazionale Italiano per il Turismo	Staatl. Fremdenverkehrsamt
F. S.	Ferrovie dello Stato	Staatsbahnen
IVA	imposta sul valore aggiunto	Mehrwertsteuer
Loc	locale	Personenzug
m.	monte / metro	Berg / Meter
MEC	Mercato Comune Europeo	EG
mq.	metro quadrato	m^2
part.	partenza	Abfahrt
p.	pagina	Seite
p. es.	per esempio	z. B.
P. S.	Pubblica Sicurezza	Sicherheitspolizei
R	rapido	IC-Zug
rag.	ragioniere	Studientitel (Absolvent eines Wirtschaftsgymnasiums)
RAI	Radio Audizioni Italiane	Ital. Radio- und Fernsehgesellschaft
S. A.	società anonima	Aktiengesellschaft
S. r. l.	società a responsabilità limitata	Gesellschaft mit beschränkter Haftung
Sig.	signor	Herr
Sig.ra	signora	Frau
Sig.na	signorina	Fräulein
SME	sistema monetario europeo	Europäisches Währungssystem

Kurzgrammatik

Der Artikel (Geschlechtswort)

Bestimmter und unbestimmter Artikel

männlicher Artikel		weiblicher Artikel	
vor Konsonant*	vor Vokal	vor Konsonant	vor Vokal
il treno der Zug	**l'**aereo	**la** porta die Tür	**l'**ora
i treni die Züge	**gli** aerei	**le** porte die Türen	**le** ore
un treno ein Zug	**un** aereo	**una** porta eine Tür	**un'**ora

* Vor Wörtern, die mit *s* + Konsonant (z. B. *sb, sc*) oder mit *z* beginnen, hat der männliche Artikel die Formen *uno, lo, gli:*

uno sciopero	**lo** sciopero	**gli** scioperi
ein Streik	der Streik	die Streiks

- Mit bestimmtem Artikel stehen
  - besitzanzeigende Fürwörter (s. S. 202)
  - Titel + Name: Dov'è **il signor Neri?** Wo ist Herr Neri? (außer bei der Anrede: Buongiorno, signor Neri.)
  - Ländernamen: Conosce **l'Italia?** Kennen Sie Italien? (außer bei *in* + weiblicher Name: in Italia in/nach Italien)
  - Uhrzeit: È **l'una.** Es ist 1 Uhr. Sono **le due.** Es ist 2 Uhr.
  - im allgemeinen Sinn gebrauchte Substantive: **La benzina** costa molto. Benzin ist teuer.

- Wendungen mit Artikel:
  chiuso il lunedì/il martedì montags/dienstags geschlossen
  l'anno prossimo nächstes Jahr
  fare il bagno baden
  fare il pieno volltanken
  fare il biglietto einen Fahrschein lösen

- Wendungen ohne Artikel:
  partire lunedì/martedì am Montag/Dienstag abreisen
  in maggio/aprile im Mai/April
  andare in città in die Stadt gehen
  andare in treno/macchina mit dem Zug/Auto fahren

!

‚a, di, da, in, su' + bestimmter Artikel

Die Präpositionen *a, di, da, in, su* verschmelzen mit dem bestimmten Artikel zu einem Wort, z. B. *a + il* = **al** mare am Meer.

	il	lo	la	l'	i	gli	le
a an, zu	al	allo	alla	all'	ai	agli	alle
di von	del	dello	della	dell'	dei	degli	delle
da von	dal	dallo	dalla	dall'	dai	dagli	dalle
in in	nel	nello	nella	nell'	nei	negli	nelle
su auf	sul	sullo	sulla	sull'	sui	sugli	sulle

Der Teilungsartikel – Mengenangaben mit ‚di'

Der Teilungsartikel besteht aus *di* + bestimmter Artikel. Er bezeichnet eine nicht näher bestimmte Menge oder Anzahl.

unbestimmte Menge/Anzahl	Mi dia **dell'**acqua. Geben Sie mir (etwas) Wasser. Vorrei **del** vino rosso. Ich möchte (etwas) Rotwein. Ha fatto **delle** foto? Haben Sie (einige) Fotos gemacht?

Nur ‚di' (ohne Artikel) steht nach Substantiven, die eine bestimmte Menge oder Anzahl bezeichnen.

bestimmte Menge/Anzahl	un litro **di** vino	ein Liter Wein
	una tazza **di** caffè	eine Tasse Kaffee
	due chili **di** arance	zwei Kilo Orangen
	un milione **di** lire	eine Million Lire

● **un po' di** vino (pane) ein wenig/etwas Wein (Brot)
un paio di scarpe ein Paar Schuhe

!

Das Substantiv (Hauptwort)

Substantive im Singular und Plural
(Hauptwörter in der Einzahl und Mehrzahl)

Im Italienischen gibt es
1. männliche Substantive auf *-o* (Plural *-i*);
2. weibliche Substantive auf *-a* (Plural *-e*);
3. männliche und weibliche Substantive auf *-e* (Plural *-i*).

	Singular		Plural		
männl.	il ragazz**o** il viaggi**o**	der Junge die Reise	i ragazz**i** i viagg**i**	die Jungen die Reisen	o > i io > i
weibl.	la ragazz**a** la strad**a**	das Mädchen die Straße	le ragazz**e** le strad**e**	die Mädchen die Straßen	a — e
männl. weibl.	il padr**e** la madr**e**	der Vater die Mutter	i padr**i** le madr**i**	die Väter die Mütter	e — i

- Es gibt außerdem einige
  - weibliche Substantive auf *-o*, z. B.
    la mano Hand (Plural: le mani), l'auto, la foto, la radio
  - männliche Substantive auf *-a* (Plural: *i*), z. B.
    il poeta Dichter, il clima, il programma, il telegramma
  - männliche Substantive, die mit Konsonant enden, z. B.
    il bar, il film, lo sport, il tram
- Eine Reihe von Personenbezeichnungen (meist auf *-ante, -ente, -ese, -ista*) werden für männliche und weibliche Personen gebraucht, z. B.
  il cliente der Kunde — il turista der Tourist
  la cliente die Kundin — la turista die Touristin
- Immer im Singular: la gente die Leute, la roba die Sachen
- Immer im Plural: gli occhiali die Brille, i pantaloni die Hose

Besonderheiten bei der Pluralbildung

- Bei den meisten Substantiven auf *-co/ca* und *-go/ga* wird vor der Pluralendung ein stummes *h* eingeschoben:
  il tedesco der Deutsche — i tedes**chi**; il lago See — i la**ghi**
  Aber: l'amico Freund — gli amici; il medico Arzt — i medici
- Bei den meisten Substantiven auf *-cia* und *-gia* entfällt das *i* vor der Pluralendung:
  l'arancia Orange — le arance; la spiaggia Strand — le spiagge

!

- Keine Pluralendung haben *auto, foto, radio* sowie alle Substantive, die mit betontem Vokal oder mit Konsonant enden: la foto — le foto; la città — le città; il bus — i bus
- Unregelmäßige Pluralformen haben l'uomo Mann — gli uomini; un paio ein Paar — due paia zwei Paar; l'uovo Ei — le uova

Die vier Fälle

Nominativ und Akkusativ haben beim Substantiv dieselbe Form. Der Dativ wird mit Hilfe von *a*, der Genitiv mit *di* ausgedrückt.

Nominativ (Wer? Was?)	**Il caffè** italiano è buono. Der italienische Kaffee ist gut.
Akkusativ (Wen? Was?)	Il cameriere porta **il caffè.** Der Ober bringt den Kaffee.
Dativ (Wem?)	Scrivo una lettera **a mio padre/alla signora.** Ich schreibe meinem Vater/der Dame einen Brief.
Genitiv (Wessen?)	Dov'è la borsa **di Maria/della signora?** Wo ist Marias Tasche/die Tasche der Dame?

Das Adjektiv (Eigenschaftswort)

Die Übereinstimmung mit dem Substantiv

Im Italienischen gibt es
1. Adjektive auf *-o*; sie bilden die weibliche Form auf *-a*;
2. Adjektive auf *-e*; sie haben für beide Geschlechter nur eine Form.

Im Plural wird wie bei den Substantiven: *o→i, a→e, e→i.*

Singular männlich	Singular weiblich	Plural männlich	Plural weiblich
ross**o** rot	ross**a**	ross**i**	ross**e**
verd**e** grün		verd**i**	

!

- Bei den meisten Adjektiven auf *-co* und *-go* wird vor der Pluralendung ein stummes *h* eingefügt:
  ricco reich — ric**chi**, ric**che**; lungo lang — lun**ghi**, lun**ghe**
  Aber: simpạtico — simpatici, simpati**che**

Das Adjektiv richtet sich in Geschlecht und Zahl immer nach dem Substantiv, auf das es sich bezieht.

il cliente content**o** der zufriedene Kunde	Il cliente è content**o.** Der Kunde ist zufrieden.
la cliente content**a** die zufriedene Kundin	La cliente è content**a.** Die Kundin ist zufrieden.
i clienti content**i** die zufriedenen Kunden	I clienti sono content**i.** Die Kunden sind zufrieden.
le clienti content**e** die zufriedenen Kundinnen	Le clienti sono content**e.** Die Kundinnen sind zufrieden.

Die Stellung des Adjektivs

Das Adjektiv steht im allgemeinen nach dem Substantiv.

la valigia **nera/rossa/pesante** der schwarze/rote/schwere Koffer
un giornale **italiano/inglese** eine italienische/englische Zeitung

- Meist vor dem Substantiv stehen

bello schön	buono gut	grande groß	lungo lang
brutto häßlich	cattivo schlecht	piccolo klein	bravo tüchtig

- *Buono* wird vor männlichen Substantiven im Singular (außer vor *z* oder *s* + Konsonant) zu *buon* verkürzt:
  Buon viaggio! Gute Reise!
- *Bello* hat vor männlichen Substantiven besondere Formen.

— Vor Konsonant*:
un **bel** libro ein schönes Buch, dei **bei** libri schöne Bücher

— Vor Vokal:
un **bell'**abito ein schönes Kleid, dei **begli** abiti schöne Kleider

* Vor *z* oder *s* + Konsonant steht *bello*, im Plural *begli.*

Die Steigerung des Adjektivs

bello schön	più bello schöner	il più bello der schönste am schönsten	bellissimo sehr schön

!

Non c'è una città **più bella.** Es gibt keine schönere Stadt. Tutte le altre sono **meno belle.** Alle anderen sind nicht so schön.	Der Komparativ wird gebildet durch Voranstellen von *più* (mehr) bzw. *meno* (weniger).
la città **più bella** del mondo / **la più bella** città del mondo die schönste Stadt der Welt	Der Superlativ wird ausgedrückt durch den Komparativ mit bestimmtem Artikel.
una città **bellissima** eine sehr schöne/wunderschöne Stadt	Die Endung *-issimo* drückt den sehr hohen Grad einer Eigenschaft aus (ohne Vergleich).

- Mantova è grande **quanto/come** Padova.
  Mantua ist **so** groß **wie** Padua.
  Milano è più grande **di** Ferrara. Mailand ist größer **als** Ferrara.
  Costa più **di** mille lire. Es kostet mehr **als** tausend Lire.

- *Buono* und *cattivo* haben unregelmäßige Steigerungsformen:
  Questo tè è ... Dieser Tee ist ...

buono	migliore	il migliore	ottimo/buonissimo
gut	besser	am besten	sehr gut
cattivo	peggiore	il peggiore	pessimo/cattivissimo
schlecht	schlechter	am schlechtesten	sehr schlecht

Das Adverb (Umstandswort)

Es gibt ursprüngliche Adverbien, z. B. *tardi* (spät) und von Adjektiven abgeleitete Adverbien.
Abgeleitete Adverbien werden gebildet, indem man an die weibliche Form des Adjektivs die Endung *-mente* anhängt.

lento, -a:	Parla **lentamente.**	Er spricht langsam.
veloce:	Corre **velocemente.**	Er läuft schnell.

- Bei Adjektiven auf *-le* und *-re* entfällt das *e* vor *-mente:*
  facile leicht — facilmente

- Den Adjektiven *buono* und *cattivo* entsprechen die Adverbien *bene* und *male:*
  Lavora **bene/male.** Er arbeitet gut/schlecht.

!

- Adverbien werden wie Adjektive gesteigert (s. S. 196). *Bene* und *male* haben unregelmäßige Steigerungsformen:
  Paolo canta ... P. singt ...

bene	meglio	meglio di tutti	benissimo
gut	besser	am besten	sehr gut
male	peggio	peggio di tutti	malissimo
schlecht	schlechter	am schlechtesten	sehr schlecht

Die Pronomen (Fürwörter)

Personalpronomen (Persönliche Fürwörter)

Personalpronomen im Nominativ

	Singular				Plural		
Nominativ (Wer?)	io ich	tu du	lui er	lei sie Sie	noi wir	voi ihr Sie	loro sie Sie

- Die Nominativformen des Personalpronomens werden beim Verb gewöhnlich weggelassen:
  Partiamo oggi. Wir reisen heute ab.
  Sie werden nur zur besonderen Hervorhebung des Subjekts gebraucht: Ordino **io?** Soll **ich** bestellen?
- Bei der höflichen Anrede verwendet man (klein oder groß geschrieben) das Personalpronomen der
- 3. Person Singular, wenn man eine Person anredet;
- 2. Person Plural oder (sehr formell) 3. Person Plural, wenn man mehrere anredet.

Personalpronomen im Akkusativ und Dativ

Akkusativ (Wen?)	mi mich	ti dich	lo ihn es	la sie Sie	ci uns	vi euch	li sie *männl.*	le sie *weibl.* Sie
Dativ (Wem?)	mi mir	ti dir	gli ihm	le ihr Ihnen	ci uns	vi euch Ihnen	gli ihnen Ihnen	

- Diese Formen werden nur in Verbindung mit dem Verb gebraucht.
  Alleinstehend oder nach Präpositionen verwendet man die Formen: me mich, te dich, lui ihn, lei sie/Sie, noi uns,. voi euch/Sie, loro sie/Sie. Der Dativ wird mit Hilfe von *a* ausgedrückt: a me mir

Die Pronominaladverbien ‚ci' und ‚ne'

ci, da, dort, hin	ne davon
Va spesso a Roma / in Italia ? — Sì, **ci** vado ogni anno. Fahren Sie oft nach Rom/Italien? — Ja, ich fahre jedes Jahr (dort)hin.	Vuole delle arance ? — Sì, me **ne** dia un chilo. Wollen Sie Orangen? — Ja, geben Sie mir ein Kilo (davon).

Gekoppelte Personalpronomen
Dativpronomen und das Pronominaladverb *ci* werden den Akkusativpronomen *lo, la, li, le* sowie *ne* vorangestellt und verändern dabei ihre Form.
— Mi/ti/ci/vi/si → me/te/ce/ve/se: **Me lo** dia. Geben Sie es mir.
— Gli/le → glie-: **Gliene** parlerò. Ich werde mit ihm/ihr/ihnen/Ihnen darüber sprechen.

Dativ- und Akkusativpronomen beim Verb
Unbetonte Dativ- und Akkusativpronomen stehen vor dem Verb, in zusammengesetzten Zeiten vor dem Hilfsverb. Dabei werden *lo* und *la* meist zu *l',* wenn das folgende Wort mit Vokal oder *h* beginnt.

	Dativ	Akkusativ	Verb
	Mi		può dire ...? Können Sie mir sagen, ...?
Non		**l'**	ho visto. Ich habe ihn/es nicht gesehen.

Dativ- und Akkusativpronomen werden jedoch angehängt

Siamo contenti di veder**la**. Wir freuen uns, sie/Sie zu sehen.	an den Infinitiv, der dabei den Endvokal verliert
Compra**lo**! Kauf es! Comprate**glielo**! Kauft es ihm! *Aber:* Lo compri! Kaufen Sie es!	an den bejahenden Imperativ (außer in der 3. Person)

- Dativ- und Akkusativpronomen werden auch an *ecco* angehängt: Ecco**lo**! Da ist er/es!

Reflexivpronomen und reflexives Verb
(Rückbezügliche Fürwörter und rückbezügliches Verb)

Reflexivpronomen stehen vor dem Verb.
Bei reflexiven Verben wird das Perfekt mit *essere* (sein) gebildet (s. S.205). Dabei richtet sich das Partizip Perfekt in Geschlecht und Zahl nach dem Subjekt:
I miei amici si sono rallegrat**i**. Meine Freunde haben sich gefreut.

Präsens	Perfekt
mi rallegro ich freue mich	mi sono rallegrato, -a ich habe mich gefreut
ti rallegri du freust dich	ti sei rallegrato, -a du hast dich gefreut
si rallegra er/sie freut sich Sie freuen sich	si è rallegrato, -a er/sie hat sich gefreut Sie haben sich gefreut
ci rallegriamo wir freuen uns	ci siamo rallegrati, -e wir haben uns gefreut
vi rallegrate ihr freut euch Sie freuen sich	vi siete rallegrati, -e ihr habt euch gefreut Sie haben sich gefreut
si rallegrano sie/Sie freuen sich	si sono rallegrati, -e sie/Sie haben sich gefreut

Reflexivpronomen werden jedoch angehängt

rallegrar**si** sich freuen fermarsi stehenbleiben	an den Infinitiv
ferma**ti** bleib stehen! *Aber:* si fermi bleiben Sie stehen!	an den bejahenden Imperativ (außer in der 3. Person)

- Im Italienischen verwendet man das Verb in der 3. Person reflexiv, wenn man kein bestimmtes Subjekt nennen will (deutsch meist ‚man'):
  Si parla tedesco. Man spricht deutsch.
  Si costruisce un ponte. Man baut eine Brücke.
  Pregasi di ... Es wird gebeten ...
  Affittasi appartamento. Wohnung zu vermieten.

Das Relativpronomen ‚che' (Bezügliches Fürwort)

Das Relativpronomen *che* ist unveränderlich. Es kann sich auf Personen und Sachen beziehen.

Nominativ (Wer? Was?)	il signore / la signora **che** ha telefonato ... der Herr / die Dame, der / die angerufen hat ...
Akkusativ (Wen? Was?)	i guanti / le valigie **che** cerco ... die Handschuhe / Koffer, die ich suche ...

Possessivpronomen (Besitzanzeigende Fürwörter)

	Besitz: Singular männlich		weiblich	Besitz: Plural männlich	weiblich
ein Besitzer	il mio il tuo il suo	mein(er) dein(er) sein(er) ihr(er), Ihr(er)	la mia la tua la sua	i miei i tuoi i suoi	le mie le tue le sue
mehrere Besitzer	il nostro il vostro il loro	unser(er) euer(er) Ihr(er) ihr(er) Ihr(er)	la nostra la vostra la loro	i nostri i vostri i loro	le nostre le vostre le loro

!

- Possessivpronomen werden gewöhnlich mit dem bestimmten Artikel gebraucht: Dov'è l**a mia** borsa? Wo ist meine Tasche?
  Sie stehen jedoch ohne Artikel
— vor Verwandtschaftsnamen im Singular: **mio** zio mein Onkel
— in einigen Wendungen, z. B. a casa **mia** bei mir zu Hause

- *Suo* bezieht sich auf einen männlichen oder weiblichen Besitzer, *loro* bezieht sich auf mehrere Besitzer:
  la **sua** chiave sein/ihr Schlüssel — la **loro** chiave ihr Schlüssel

- Possessivpronomen in der Höflichkeitsform können klein oder groß geschrieben werden:
  la **sua/Sua** chiave Ihr Schlüssel

Demonstrativpronomen (Hinweisende Fürwörter)

männlich	Singular	weiblich	männlich	Plural	weiblich
questo der hier, dieser		questa	questi		queste
quello der dort, jener		quella	quelli		quelle

- *Quello* hat vor männlichen Substantiven besondere Formen.
— Vor Konsonant*: **quel** pacco das Paket (dort), Plur. **quei** pacchi
— Vor Vokal: **quell'**uomo der Mann (dort), Plur. **quegli** uomini
  * Vor *z* oder *s* + Konsonant steht *quello*, im Plural *quegli*.

Questa borsa mi piace. Diese Tasche gefällt mir. **Quest'**anno andremo a Roma. Dieses Jahr fahren wir nach Rom.	*Questo* bezieht sich auf Personen oder Sachen, die in unmittelbarer Nähe sind.
Conosce **quel** signore? Kennen Sie den Herrn (dort)? Che abito prende? — **Quello** rosso. Welches Kleid ...? — Das rote.	*Quello* bezieht sich auf Personen oder Sachen, die nicht in unmittelbarer Nähe sind.

!

Fragewörter

Wer? Wen? An wen? Wem?	**Chi** è venuto? Wer ist gekommen? **Chi** cerca? Wen suchen Sie? **A chi** scrive? Wem schreiben Sie?
Was?	**Che cosa** desidera? Was wünschen Sie?
Was für ...?	**Che** libro è questo? Was für ein Buch ist das?
Welcher?	**Quale** strada? Welche Straße? **Qual** è la sua macchina? Welches ist Ihr Auto?
Wieviel?	**Quanto** costa? Wieviel kostet es? **Quanti** chilometri? Wieviel Kilometer?
Wo? Wohin? Woher?	**Dove** si trova ...? Wo befindet sich ...? **Dove** va? Wohin gehen Sie? **Da dove** viene? Woher kommen Sie?
Wann? Um wieviel Uhr? Wie lange?	**Quando** aprono i negozi? Wann öffnen die Geschäfte? **A che ora** parte? Um wieviel Uhr fahren Sie? **Quanto** devo aspettare? Wie lange muß ich warten?
Wie? Warum?	**Come** funziona? Wie funktioniert das? **Perché** non funziona? Warum funktioniert es nicht?

Das Verb (Zeitwort)

Das Präsens (Gegenwart)

- Verbformen werden gewöhnlich ohne Personalpronomen verwendet (s. S. 199): **Abbiamo** tempo. Wir haben Zeit.
- Als Höflichkeitsform verwendet man
– die 3. Person Singular, wenn man eine Person anredet: **Ha** tempo, signor/signora Neri? Haben Sie Zeit, Herr/Frau N.?

!

— die 2. Person Plural oder (sehr formell) die 3. Person Plural, wenn man mehrere Personen anredet:
Avete tempo? / **Hanno** tempo, signori? Haben Sie Zeit (, meine Herren)?

avere, essere

	avẹre	haben	ẹssere	sein
io	ho	ich habe	sono	ich bin
tu	hai	du hast	sei	du bist
lui lei	ha	er hat sie hat, Sie haben	è	er ist sie ist, Sie sind
noi	abbiạmo	wir haben	siạmo	wir sind
voi	avẹte	ihr habt, Sie haben	siẹte	ihr seid, Sie sind
loro	hạnno	sie haben, Sie haben	sono	sie sind, Sie sind

● c'è da ist, es gibt — ci sono da sind, es gibt

Regelmäßige Verben
Nach ihrer Infinitivendung werden die italienischen Verben in drei Gruppen (Konjugationen) eingeteilt.

	Verben auf -are		-ere	-ire	
	parlạre sprechen		vẹndere verkaufen	partịre abreisen	capịre verstehen
io	pạrl**o**	ich spreche	vẹnd**o**	pạrt**o**	cap**ịsco**
tu	pạrl**i**	du sprichst	vẹnd**i**	pạrt**i**	cap**ịsci**
lui lei lei	pạrl**a**	er spricht sie spricht Sie sprechen	vẹnd**e**	pạrt**e**	cap**ịsce**
noi	parl**iạmo**	wir sprechen	vend**iạmo**	part**iạmo**	cap**iạmo**
voi	parl**ạte**	ihr sprecht Sie sprechen	vend**ẹte**	part**ịte**	cap**ịte**
loro	pạrl**ano**	sie sprechen Sie sprechen	vẹnd**ono**	pạrt**ono**	cap**ịscono**

● Verben auf *-ere* haben im Infinitiv den Ton teils auf dem Stamm (z. B. vẹndere), teils auf der Endung (z. B. vedẹre sehen).

!

- Die meisten Verben auf *-ire* werden wie *capire* konjugiert.
- Wie *partire:* dormire schlafen, sentire hören, aprire öffnen
- Bei Verben auf *-care/gare* wird vor *i* der Endung ein stummes *h* eingefügt: pag**h**i

Der Imperativ (Befehlsform)

	Vertrauliche Anrede		Höfliche Anrede	
	Singular	Plural	Singular	Plural
avere haben	ạbbi hab ...!	abbiạte habt ...!	ạbbia haben Sie ...!	abbiạte/ạbbiano
essere sein	sịi sei ...!	siạte seid ...!	sịa seien Sie ...!	siạte/sịano
parl**are** sprechen	pạrl**a** sprich!	parl**ạte** sprecht!	pạrl**i** sprechen Sie!	parl**ạte**/pạrl**ino**
prend**ere** nehmen	prẹnd**i** nimm!	prend**ẹte** nehmt!	prẹnd**a** nehmen Sie!	prend**ẹte**/prẹn-d**ano**
sent**ire** hören	sẹnt**i** höre!	sent**ịte** hört!	sẹnt**a** hören Sie!	sent**ịte**/sẹnt**ano**
fin**ire** aufhören	finịsc**i** hör auf ...!	fin**ịte** hört auf ...!	finịs**ca** hören Sie auf ...!	fin**ịte**/finịs**cano**

- Wie im Deutschen wird auch die 1. Person Plural als Imperativ gebraucht: And**iamo.** Gehen wir!
- Dativ- und Akkusativpronomen (s. S.200) und Reflexivpronomen (s. S.201) werden an den bejahenden Imperativ angehängt (außer in der 3. Person):
  Compra**lo.** Kauf es! Comprate**lo.** Kauft es! Ferma**ti.** Bleib stehen!
  Aber: **Lo** compri. Kaufen Sie es! **Si** fermi. Bleiben Sie stehen!
- Beim verneinten Imperativ wird dem Verb *non* vorangestellt; in der 2. Person Singular verwendet man dabei den Infinitiv: **non aspettate** wartet nicht! – **non aspettare** warte nicht!

!

Das Perfekt (Vollendete Gegenwart)

Das Partizip Perfekt (Mittelwort der Vergangenheit)

Hilfsverben		Regelmäßige Verben auf -are	-ere	-ire
avere	essere	parl**are**	vend**ere**	cap**ire**
avuto	**stato**	parl**ato**	vend**uto**	cap**ito**
gehabt	gewesen	gesprochen	verkauft	verstanden
Partizipendung:		-ato	-uto	-ito

- Verben mit unregelmäßigem Partizip Perfekt (s. auch S. 209):

accendere anzünden	acceso	rompere zerbrechen	rotto
aprire öffnen	aperto	scendere hinunter-/aussteigen	sceso
chiedere fragen/bitten	chiesto	scrivere schreiben	scritto
chiudere schließen	chiuso	spegnere löschen, ausmachen	spento
correre laufen	corso	spendere ausgeben	speso
fare tun/machen	fatto	vedere sehen	visto
leggere lesen	letto	vivere leben	vissuto
mettere setzen/stellen/legen/anziehen	messo		
offrire anbieten	offerto		

Das Perfekt mit ‚avere' und ‚essere'

Das Perfekt bildet man mit dem Präsens des Hilfsverbs
- *avere* (haben) + Partizip Perfekt: ho avuto ich habe gehabt
- *essere* (sein) + Partizip Perfekt; dabei richtet sich das Partizip in Geschlecht und Zahl nach dem Subjekt:
  Le mie amiche sono stat**e** a Roma. Meine Freundinnen sind in Rom gewesen.

!

Perfekt mit *avere*	Perfekt mit *essere*	
	Subjekt: männlich	weiblich
ho capito ich habe verstanden	sono andat**o** ich bin gegangen	sono andat**a**
hai capito du hast verstanden	sei andat**o** du bist gegangen	sei andat**a**
ha capito er/sie hat verstanden Sie haben verstanden	è andat**o** er ist gegangen Sie sind gegangen	è andat**a** sie ist gegangen Sie sind gegangen
abbiamo capito wir haben verstanden	siamo andat**i** wir sind gegangen	siamo andat**e**
avete capito ihr habt verstanden Sie haben verstanden	siete andat**i** ihr seid gegangen Sie sind gegangen	siete andat**e**
hanno capito sie haben verstanden Sie haben verstanden	sono andat**i** sie sind gegangen Sie sind gegangen	sono andat**e**

- Abweichend vom Deutschen bildet man das Perfekt
  - mit *essere* bei reflexiven Verben (s. S. 205)
  - mit *avere* bei *viaggiare* reisen, *passeggiare* spazierengehen: **Abbiamo viaggiato** molto. Wir sind viel gereist.

Futur und Konditional (Zukunft und Bedingungsform)

Das Futur

	-are		-ere	-ire
	comprare		vendere	partire
io	compr**erò**	ich werde	vend**erò**	part**irò**
tu	compr**erại**	kaufen	vend**erai**	part**irai**
lui lei	compr**erà**		vend**erà**	part**irà**
noi	compr**erẹmo**		vend**eremo**	part**iremo**
voi	compr**erẹte**		vend**erete**	part**irete**
loro	compr**erạnno**		vend**eranno**	part**iranno**

!

Das Konditional

io	compr**erẹi** ich würde	vend**erei**	part**irei**
tu	compr**erẹsti** kaufen	vend**eresti**	part**iresti**
lui lei	compr**erẹbbe**	vend**erebbe**	part**irebbe**
noi	compr**erẹmmo**	vend**eremmo**	part**iremmo**
voi	compr**erẹste**	vend**ereste**	part**ireste**
loro	compr**erẹbbero**	vend**erebbero**	part**irebbero**

- Das Konditional wird oft in höflichen Wendungen gebraucht:
  Vorrei una camera singola. Ich möchte ein Einzelzimmer.
  Avrebbe un fiammifero? Hätten Sie ein Streichholz?
  Mi **potrebbe** aiutare? Könnten Sie mir helfẹn?
- Verben auf *-care/gare* schieben vor *e* der Endung ein stummes *h* ein: pa**gh**eremo wir werden zahlen

Wichtige unregelmäßige Verben

andare gehen fahren — andato gegangen, gefahren

Präsens	vado	vai	va	andiamo	andate	vanno
Imperativ		va'	vada		andate	vadano
Futur	andrò etc.			*Konditional:* andrei etc.		

avẹre haben — avuto gehabt

Präsens	ho	hai	ha	abbiamo	avete	hanno
Imperativ		abbi	abbia		abbiate	abbiano
Futur	avrò etc.			*Konditional:* avrei etc.		

bere trinken — bevuto getrunken

Präsens	bevo	bevi	beve	beviamo	bevete	bevono
Imperativ		bevi	beva		bevete	bevano
Futur	berrò etc.			*Konditional:* berrei etc.		

dare geben — dato gegeben

Präsens	do	dai	da	diamo	date	danno
Imperativ		da'	dia		date	diano
Futur	darò etc.			*Konditional:* darei etc.		

dire sagen — detto gesagt

Präsens	dico	dici	dice	diciamo	dite	dicono
Imperativ		di'	dica		dite	dicano
Futur	dirò etc.			*Konditional:* direi etc.		

dovẹre müssen, sollen, schulden — dovuto gemußt/müssen

Präsens	devo	devi	deve	dobbiamo	dovete	devono
Futur	dovrò	etc.		*Konditional:* dovrei etc.		

- Ha dovuto pagare. Er hat zahlen müssen.

ẹssere sein — stato gewesen

Präsens	sono	sei	è	siamo	siete	sono
Imperativ		sii	sia		siate	siano
Futur	sarò etc.			*Konditional:* sarei etc.		

fare tun, machen — fatto gemacht

Präsens	faccio	fai	fa	facciamo	fate	fanno
Imperativ		fa'	faccia		fate	facciano
Futur	farò etc.			*Konditional:* farei etc.		

potẹre können — potuto gekonnt/können

Präsens	posso	puoi	può	possiamo	potete	possono
Futur	potrò etc.			*Konditional:* potrei etc.		

- Non ha/è potuto venire. Er hat nicht kommen können.
  Mi potrebbe dire ...? Könnten Sie mir sagen, ...?

!

rimanẹre bleiben — rimasto geblieben

Präsens	rimango	rimani	rimane	rimaniamo	rimanete	rimangono
Imperativ		rimani	rimanga		rimanete	rimangano
Futur	rimarrò etc.			*Konditional:* rimarrei etc.		

salịre steigen, einsteigen — salito (ein)gestiegen

Präsens	salgo	sali	sale	saliamo	salite	salgono
Imperativ		sali	salga		salite	salgano

sapẹre wissen, können — saputo gewußt

Präsens	so	sai	sa	sappiamo	sapete	sanno
Futur	saprò etc.			*Konditional:* saprei etc.		

scẹgliere (aus)wählen — scelto (aus)gewählt

Präsens	scelgo	scegli	sceglie	scegliamo	scegliete	scelgono
Imperativ		scegli	scelga		scegliete	scelgano

stare stehen, sein, bleiben — stato gewesen

Präsens	sto	stai	sta	stiamo	state	stanno
Imperativ		sta'	stia		state	stiano
Futur	starò etc.			*Konditional:* starei etc.		

tenẹre halten — tenuto gehalten

Präsens	tengo	tieni	tiene	teniamo	tenete	tengono
Imperativ		tieni	tenga		tenete	tengano

uscịre hinausgehen, ausgehen — uscito (hin)ausgegangen

Präsens	esco	esci	esce	usciamo	uscite	escono
Imperativ		esci	esca		uscite	escano

venire kommen — venuto gekommen

Präsens Imperativ Futur	vengo vieni viene veniamo venite vengono vieni venga venite vengano verrò etc. *Konditional:* verrei etc.

volere wollen — voluto gewollt/wollen

Präsens Futur	voglio vuoi vuole vogliamo volete vogliono vorrò etc. *Konditional:* vorrei etc.

- Non ha/è voluto venire. Er hat nicht kommen wollen.
  Vorrei un gelato. Ich möchte ein Eis.

Verb + Objekt (Zeitwort + Satzergänzung)

Bei einer Reihe von Verben steht abweichend vom Deutschen ein

Akkusativobjekt		(Deutsch: Dativobjekt)	
aiutare ascoltare ringraziare seguire	la signora	der Dame	helfen zuhören danken folgen
Dativobjekt		**(Deutsch: Akkusativobjekt)**	
chiedere domandare parlare telefonare	alla signora	die Dame	fragen, bitten fragen, bitten sprechen anrufen

Bei Verben mit Akkusativ- und Dativobjekt steht gewöhnlich das Akkusativobjekt (Sachobjekt) vor dem Dativobjekt (Personenobjekt): dare qualcosa a qualcuno jemandem etwas geben

!

	Akkusativ	Dativ	
Ha dato	la borsa	alla signora.	Er hat der Dame die Tasche gegeben.
Chiede	la strada	a un passante.	Er fragt einen Passanten nach dem Weg.

Die Wortstellung

Die regelmäßige Wortstellung im Aussagesatz ist

	Subjekt	Verb	Satzergänzung	
	Carla	compra	la borsa.	C. kauft die Tasche.
Oggi	Carla	ha comprato	la borsa.	Heute hat C. die Tasche gekauft.

Das Subjekt wird jedoch dem Verb nachgestellt

Oggi è arrivata Carla. Heute ist C. angekommen.	wenn das Subjekt besonders hervorgehoben werden soll
Dov'è la mia borsa? Wo ist meine Tasche?	in Fragesätzen

- Fragesätze ohne Fragewort haben meist die regelmäßige Wortstellung des Aussagesatzes:
  Ha visto il signor Neri? Haben Sie Herrn Neri gesehen?

Die Verneinung

no

È stanco?	— **No,** signora. Sind Sie müde? — Nein.
Pioverà?	— Speriamo **di no.** Wird es regnen? — Hoffentlich nicht.

!

non

	non	Verb	
Perché	**non**	è venuto?	Warum ist er nicht gekommen?
Gina	**non**	ha tempo.	Gina hat keine Zeit.

- Zwischen *non* und Verb stehen Dativ- und Akkusativpronomen sowie *ci* (da, dort) und *ne* (davon):
  Non lo vedo. Ich sehe ihn/es nicht.
  Non ci sono panini. Es gibt keine Brötchen.

non . . . nessuno/nulla/niente/mai etc.

Non c'è **nessuno.**	Es ist niemand/keiner da.
Non voglio **nulla/niente.**	Ich will nichts.
Non fumo **mai.**	Ich rauche nie.
Non fumo **più.**	Ich rauche nicht mehr.
Non beve **né** vino **né** birra.	Er trinkt weder Wein noch Bier.

- Wird der zweite Teil der Verneinung dem Verb vorangestellt, entfällt *non*: Nessuno è venuto. Niemand ist gekommen.

Bildquellen: Andrea Aiazzi, Pistoia: 132 — Alitalia, Frankfurt: 146 — M. Cambazard — Explorer, Paris: 114,2 — Ch. Errath — Explorer, Paris: 114,4 — Elisabeth Görg, Esslingen: 59 — IVB Report, Heiligenhaus 70 — M. J. Leroy — Explorer, Paris: 114,1 — Mauritius, Mittenwald: 89, 99,2 — Gerd Maier, Stuttgart: 114,3 — Emilio Montini, Mühlacker: 123, 138, 147 — E. Münzing, Stuttgart: 54 — Scala Istituto Fotografico Editoriale Antella, Florenz: 112 — Horst Rudel, Stuttgart: 99,1
Vorderer Vorsatz: K. Harig, Reinheim
Hinterer Vorsatz: G. Wustmann, Kirchberg i. W.

!

PIAZZA MAZZINI
VIALE G. G. MAZZINI
VIALE ANGELICO
V. D. GIULIANA
VIA FLAMINIA
PONTE MATTEOTTI
VIALE DELLE MILIZIE
VIALE GIULIO CESARE
V. A. DORIA
V. LEONE IV
V. OTTAV.
BARL.
V. M. A. COLON.
PONTE MARGHERITA
VIA COLA DI RIENZO
CITTÀ DEL VATICANO
CASTEL S. ANGELO
PONTE CAVOUR
V. D. CONCILIAZIONE
S. PIETRO
TEVERE
PIAZZA COLONNA
PONTE UMBERTO I.
PONTE VITT. EM.
PONTE S. ANGELO
PIAZZA NAVONA
CORSO VITTORIO EMANUELE
PANTHEON
PONTE DI FERRO
PONTE MAZZINI
PONTE SISTO
GIANICOLO
VIA DELLE FORNACI
PONTE GARIB.
V. AURELIA ANTICA
S. MARIA IN TRASTEVERE
PONTE PALATINO
S. CECILIA
V. S. PANCRAZIO
VILLA DORIA PAMPHILI
V. G. CARINI
VIALE DI TRASTEVERE
Roma